KB267790

각종 다완茶碗 그리고 다도구茶道具

실화상봉實花相逢 : 꽃과 열매가 동시에 피고 맺는 차나무에서만 볼 수 있는 희귀한 현상이다.(저자 촬영)

청자 향로

청자 차호

높이 14.5㎝ / 구경 8.7㎝

청자 차호통

높이 9㎝ / 구경 8㎝

소-일회용

청화장군 차호

소차호 小茶壺

소 : 높이 9.5㎝

중차호 中茶壺

중 : 높이 13.5㎝

청자 차호

높이 9㎝ / 구경 5㎝

산호 반침
은차시

소차호

소차호

소차호

소차호

분채 대차호大茶壺(청대)

높이 58㎝ / 구경 18.5㎝

청건륭황지 박쥐길상문합

높이 7.5㎝ / 구경 15㎝ / 굽 9㎝

청대 분채합

높이 4.2㎝ / 구경 12㎝ / 굽 8.5㎝

명대 청화백자합

청자 원앙새합

높이 9㎝ / 입에서 꽁지까지 14㎝

명대 진사합

높이 8㎝ / 직경 2㎝ / 굽 8.5㎝

삼채 소합
높이 2.5㎝ / 구경 6㎝
②

백자 참외합
높이 11㎝ / 구경 10㎝

⑤

①

③

④

① (중앙) 용문합　　　　　높이 3.5㎝　　　　　구경 8.5㎝
② 매화문합　　　　　　　높이 3㎝　　　　　　구경 7㎝
③ 복숭아문합　　　　　　높이 3㎝　　　　　　구경 7㎝
④ 연꽃잎문합　　　　　　높이 3㎝　　　　　　구경 7㎝
⑤ 사자문합

옛날로 거슬러 올라가면 한때는 향합, 약합, 차합, 여인의 연지합 등으로 쓰였으나 지금은 서화가들의 인주합으로 애용
되고 있다.

백자 장군사발(大碗)

시름도 고요히
한 숨을 돌아앉아
시절을 곰삭히니
거침 없던 청백리도
종군의 시름에도
흰 빛으로 숨쉬는가
백옥 반석 위에
서악을 아울리는
단아한 덕장이다

백자 장군 큰사발 덕장대다완德將大茶碗 (명우 작)
높이 12㎝ / 구경 21㎝

도자 장군 큰사발 청백리대다완淸白吏大茶碗 (명우 작)
높이 12㎝ / 구경 21㎝

진사 장군 사발 지장대다완智將大茶碗 (보천 작)
높이 12㎝ / 구경 21㎝

진사 장군사발(大碗)

햇살 한 점
구름 한 점
청정수를 스치니
흩뿌린 눈꽃바람
몰아치는 격불擊弗이
적벽을 넘나들며
승전을 축하한 요변은
장군의 길상이다.

진사 장군 사발 지장대다완智將大茶碗 (보천 작)
높이 12㎝ / 구경 21㎝

옛부터 우리나라 김해지방에는 차나무가 자생하였는데 고려 충렬왕이 이곳 합포合浦에 행차하시던 중 유독 수려하고 당당하며 귀품이 있어 보이는 큰 차나무를 보고 왕은 곧 장군차나무라 하였습니다.(有山茶樹忠烈王賜號將軍樹) (註 : 경상도읍지 1권 아세아문화사 468쪽) (1982 금강사)

차나무는 본시 신령스러운 나무입니다. 그런데 우연히 왕의 눈에 띄어 장군차나무라는 이름을 하사 받은 그 차나무의 기상이 어찌 보통 차나무와 같았겠습니까!

본래 김해지방은 가락국이었고 시조인 김수로왕의 부인은 인도공주 허황옥이었습니다. 그녀가 인도에서 시집올 때 차씨를 가져와 심었다고 전하여지고 있습니다. 이러한 까닭으로 이 지방에 차나무는 면면이 이어져 오고 있고, 차를 마시는 풍속도 함께 전해져 오고 있으니 차와 도자기는 불가분의 관계로 우리나라는 차와 도자기가 같이 발달하여 고려에 이르러서는 그 절정을 이루게 되었습니다. 충렬왕이 '장군차나무'라는 이름을 남긴 지 약 300년 후, 일본의 차계茶界에 차사발 쟁탈전이 암암리에 있었는데 도자기의 기술이 없던 일본은 조선을 침범하기에 이르릅니다. 그러기에 임진왜란을 다른 말로 '도자기전쟁'이라고도 합니다. 이때 조선의 이순신 장군이 나라를 구하였으니 장군차나무와 이순신 장군의 인연은 차나무의 실화상봉實花相逢과 같다는 생각이 듭니다.

이순신 장군이 도자기 전쟁에서 승전고를 울린 것을 어찌 우연이라 하겠습니까! 이로부터 400여 년의 세월이 오늘에 이르러서야 장군의 큰 뜻을 새겨담은 큰 차사발을 장군사발이라 이름 하고 장군님께 바치고자 합니다.

장군사발의 규격은 높이 12㎝ 구경은 21㎝로, 사발의 형태와 유약의 종류에 따라 변화무쌍한 소성 과정을 거쳐 지혜롭고 용맹스러움을 표현하고자 했고, 덕장德將으로서 깨끗한 기품과 기상 높은 자존심과 검덕함을 표현하고자 욕심을 내어보기도 하였습니다. 그러나 이 모두를 감당하기에는 자신이 없었지만 그래도 어쩌면 모자람도 지혜를 능가하는 슬기로움일 수도 있다고 생각하고 용기를 내어 오랫동안 마음에 담아두고 창안한 디자인으로 수로요의 보천 이위준 도공과 새미골 장금정 도공에게 부탁하여(백자와 도기는 필자의 작) 진사, 백자, 도기, 분청 등으로 장군의 정신세계와 실질적인 인생관을 표현하고자 했습니다.

(새미골에서 만든 사발은 필자의 저서 〈차의 역사〉에 발표하였음)

두 분의 도움으로 처음 빛을 보게 된 것을 감사하게 생각합니다.

청백다관

청대 분채병

높이 16.5㎝ / 구경 2.5㎝ / 굽 6.8㎝

청화백자주자

청화장경병

높이 6.5㎝ / 구경 14㎝

높이 6.5㎝ / 구경 14㎝

1621년~1643년 제작. 영보 장춘경 덕진요 (높이 6.5㎝ / 구경 15.5㎝)

완. 높이 7㎝ / 구경 13.5㎝   대완. 높이 12㎝ / 구경 21㎝

완. 높이 7㎝ / 구경 13.5㎝   대완. 높이 12㎝ / 구경 21㎝

진사 장군다완과 다완

진사 오로라문항아리 (높이 24㎝ / 구경 12.5㎝)

높이 7㎝ / 구경 13.5㎝

비취옥 다완

조선 후기 화로

불수 佛手

발해 부처의 아름다운 손. 러시아 연해주 크라스키 노성터에서 발굴된 발해 불상의 손으로 아미타수인 阿彌陀手印을 하고 있다. 뒤로 젖혀진 손목과 아직도 그 빛을 잃지 않은 손톱, 닿을 듯이 오무린 엄지와 중지가 감각적으로 표현된 이 佛手는 극치에 달했던 발해 불교문화의 정수를 보여주고 있다.

발해는 고구려를 이어 창건된 나라이지만 신라와의 교류로 분분하였는데 독창적인 발해문화의 뿌리는 고구려와 신라, 백제 문화가 배어 있다.

[1994. 8. 23 조선일보]

백자호랑이무늬항아리 白磁銅畵鵲虎文壺

민화에 잘 나타나는 까치 호랑이가 극히 자유롭고 분방한 필치로 그려진 진귀한 백자항아리이다. 지름 24.3㎝ 높이 28.7㎝. 조선 후기 18세기 후반.
[1994. 1. 27 한국일보]

청자철화꽃무늬대접 靑磁鐵畵草花文

꽃 열매와 잎이 매우 회화적이다. 무늬와 유약의 색이 잘 어울린 뛰어난 작품이다. 지름 17㎝ 높이 9.6㎝ 고려 12세기. [1994. 1. 27 한국일보]

고세연 다문화 총서 · 4

장군다례

고세연 다문화 총서 · 4
장군 다례

초판 인쇄 · 2007년 3월 10일
초판 발행 · 2007년 3월 15일

지은이 · 고세연
펴낸이 · 임종대
펴낸곳 · 미래문화사

등록 번호 · 제 3-44호
등록 일자 · 1976년 10월 19일
주소 · 서울시 용산구 효창동 5-421호 140-120
전화 · 715-4507, 713-6647
팩스 · 713-4805
E-mail · miraebooks@korea.com
         mirae715@hanmail.net

ISBN 89-7299-336-0

고세연 다문화 총서 · 4

장군다례 將軍茶禮

지은이 · 고세연

미래문화사

다인으로 살아온 삶에 자족하며

세상에는 힘들이지 않고 이루어지는 일은 하나도 없는 것 같다. 몇 권의 책을 집필하는 사이 세월은 스산한 바람처럼 스쳐가버리고 남은 것은 노쇠해진 나 자신뿐! 그러나 아직도 못한 일들이 있다고 생각하니 좀더 건강해야 한다고 다짐한다.

지금으로부터 40년 전, 사장되어버린 이 땅의 다문화 부활을 위해 앞장섰던 분들 중에 지금은 타계한 분들이 많다. 남은 몇 분은 지금도 꾸준히 활동하고 있는 것으로 알고 있으나 서로 만나서 담소를 나누고, 차 한잔 마시는 것조차 쉽지 않다.

돌이켜 생각해보면 그때 그 시절, 순박하고 열정적이었던 다인들이 신념과 사명감으로 뭉쳐 혼신을 다하였던 결과가 오늘날 다문화의 바탕이 되었음을 필자는 환기시키고 싶다.

누구인가 말하였다. '다생활은 인간 행복추구의 조건'이라고.

그에 매료되어 뛰어들었던 다의 세계……. 뒤돌아보면 마냥 불행했던 것도 아니지만 찬란했던 것도 아니다. 다만 다생활을 통하여 늘 공부하는 자세로 내가 나를 돌아보고 생각하는 습관이 생기게 되었음에 감사할 뿐이다.

우리 선조들이 다茶를 신령스럽게 여겨 제례의 예물로 쓰면서부터 다례·차례茶禮라는 말이 보편화 되었다. 이 다례에는 인간의 도리가 스며 있어 그에 따른 예절이 있고, 효孝가 있으며, 신의信義와 질서가 존재하니, 그 뜻이 깊고 넓어 한 마디로 설명할 수 없을 정도다. 또 한때는 차가 융성했기에 항다반사恒茶飯事라는 말이 생기기도 하였다.

이처럼 우리의 다문화는 일상생활은 물론이고, 가정교육으로 연결되어 궁극에 가서는 인간심성교육의 바탕이 되었음도 분명히 인식해야 할 것이다.

필자는 젊어서부터 이순신 장군의 용맹과 슬기와 지혜를 흠모해 오던 중 장군이 쓰신 〈난중일기〉를 접하면서 장군이야말로 훌륭한 가정교육을 받은 분이라는 것을 알게 되었다. 게다가 장군께서도 훌륭한 다인이었다는 것을 알게 되는 순간 크게 감격한 나머지 언젠가는 여러분들에게도 알려야겠다고 벼르다가 이번에 '장군의 다'에 관한 자료를 정리하여 감히 책으로 엮으면서 무한한 기쁨을 느낀다. 그러나 한편으로는 내 역량이 부족하여 장군의 위대한 업적과 고매한 다생활을 제대로 전하지 못하면 어떡하나 하는 두려움도 없지 않다.

더불어 시조始祖 환인桓人과 수인燧人 씨와 신농神農 씨, 그리고 요람에서 무덤까지의 다생활과 세시다례, 여류시인들의 다시茶詩 등을 두루 다루었음을 밝힌다.

이 책이 나오기까지 음으로 양으로 도와주신 여러분 중 임종대 사장, 서현수 사장, 이위준 원장, 김희선 씨에게 감사드린다.

2007. 2

저자

차례

제1장 장군다례

제2장 시조始祖 환인桓人과 수인燧人 씨와 신농神農 씨

제3장 요람搖籃에서 무덤까지

제5장 여류시인과 다茶생활

부록

묵필 : 행파杏坡 이용태李龍兌

바다에 가을이 저물었는데 水國秋光暮

찬바람 맞으며 기러기 떠나네 警寒　陣高

나라 걱정으로 뒤척이는 이밤 憂心轉轉夜

기우는 달빛이 활과 칼에 어렸네 殘月照弓刀

　　　　　　　　　　여해汝諧 이순신李舜臣

장군의 다례

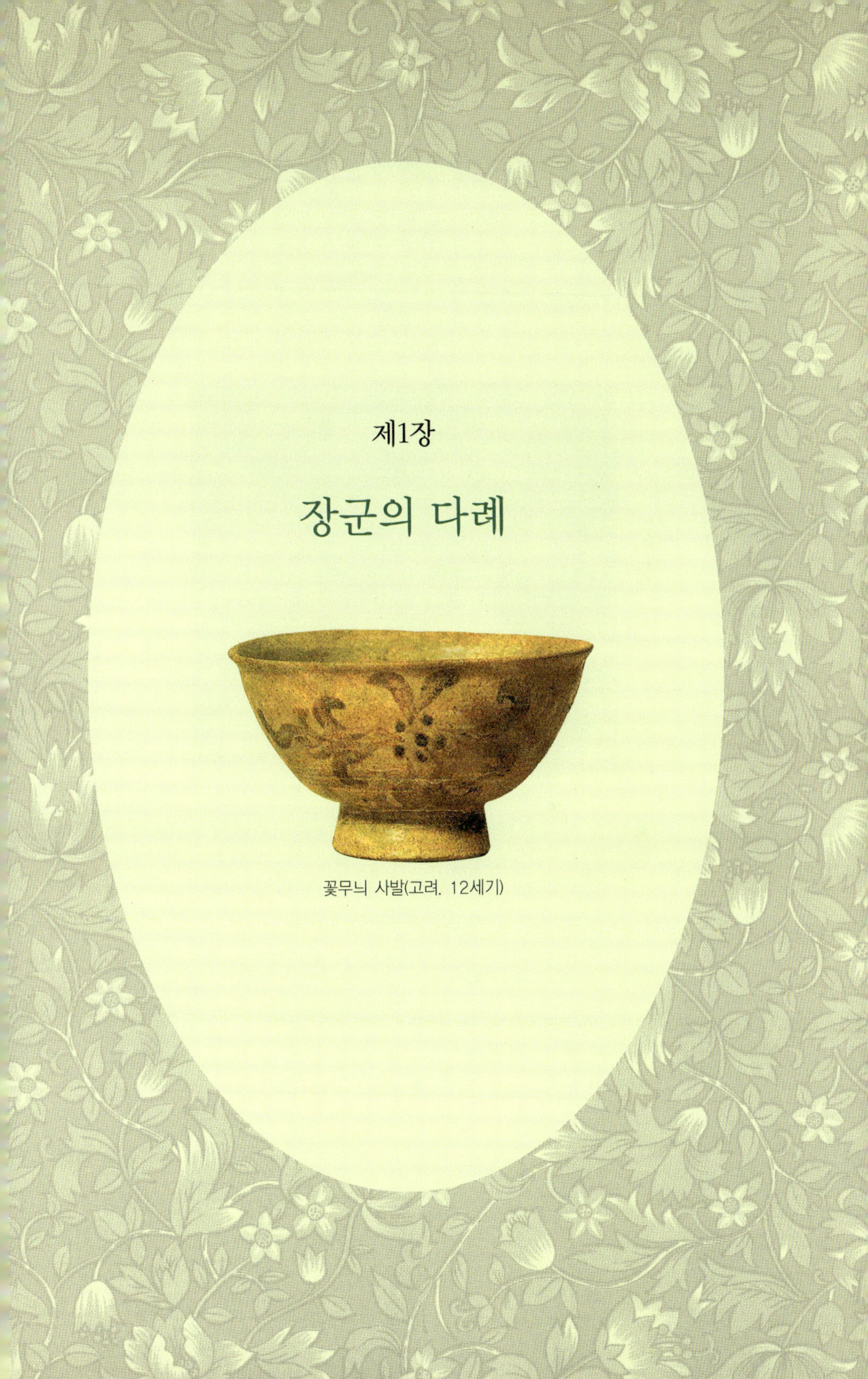

꽃무늬 사발(고려. 12세기)

한산도가 閑山島歌

한산섬 달 밝은 밤에 수루에 혼자 앉아
큰 칼 옆에 차고 깊은 시름하는 차에
어디서 일성호가는 남의 애를 끊나니

閑山島月明夜上戍樓
撫大刀深愁時
何處一聲羌笛更添愁

  – 여해 이순신

제1장 장군다례

1. 인간 이순신

(1) 장군의 전적과 인격

1) 전쟁 준비

이순신李舜臣(1545년~1598년)은 덕수德水 이씨 12대손으로 자는 여해汝諧요, 시호는 충무忠武이며, 한양에서 출생하여 8세 때 아산으로 이사했다.

이 책에서는 난중일기 중에서 차와 도기와 관련된 중요한 부분과 지금까지 잘 알려지지 않은 전투에 대해서 살펴보기로 한다.

이순신은 임진란이 일어나기 1년 전인 1591년(신묘년)에 유성룡의 천거로 전라좌수사로 여수에 부임하였다. 이 때 장군은 곧 왜란이 일어날 것을 예측하고 좌수영 관할 아래 군사를 보강, 훈련시키고 전투에 필요한 장비와 무기를 철저히 점검하여 대비하였다.

임진년(1592년) 4월 12일에는 포를 장착한 거북선을 여수 종포 앞 바다에 띄워 시험발포하였다.

왜군倭軍이 부산에 침범한 것은 4월 13일이었고, 장군이 원균에게 서 왜군의 침략 통첩을 받은 것은 4월 15일이었다.

그렇게 사태가 급변하는 중에도 장군은 일을 성급히 서둘러서 망 치는 일이 없도록 조정에 보내는 보고서며 군사의 식량 확보를 위 해 둔전을 조정으로부터 허락받는 일까지 꼼꼼히 챙겼다. 그 와중 에도 미처 피난을 가지 못한 백성들을 돌보며 난중일기를 쓰셨으니 장군은 하늘이 내신 지혜와 용맹을 가진 문장가와 덕장으로 영원히 추앙 받아야 할 인물이 아닐 수 없다.

특히 장군은 난중에서도 조상 차례茶禮는 물론 조정의 역대 제례

이순신 장군 진영

등을 또박또박 챙겨 기록하였으 니 차례에 관한한 예사로운 분이 아님을 알 수 있다. 게다가 명나 라 장수를 영접할 때는 접빈진다 례를 행하였으니 차에 관한한 해 박한 지식을 지녔음은 물론이고 진정한 다인茶人이었다.

이렇게 장군은 문무를 고루 갖 춘, 역사상 가장 인간적이고 인격 적이며 매사에 솔선수범하여 만 인의 모범이 되었기에 후인들이 그를 존경하고 그의 뜻을 따르려 는 것이다.

장군의 일기를 보면 다음과 같은 기록이 있다.

임진 1월 11일

하루 종일 가랑비

늦게 동헌에 나가 공무를 보았다.

이봉수가 선생원先生院(여천군 율촌면 신성리)의 돌 뜨는 것을 보고와서 "벌써 큰 돌 17덩어리에 구멍을 뚫었습니다."라고 보고해 왔다.

서문西門 밖 해자垓字(적군의 침입을 막기 위해 성 밖으로 둘러 판 웅덩이)가 네 발 가량 무너졌다.

여기에서 돌에 구멍을 뚫었다 함은 육지와 섬 사이 울돌목에 쇠사슬을 치기 위해서 돌에 구멍을 뚫는 것을 말한다. 즉, 육지와 섬 양쪽 언덕의 큰 돌에 구멍을 뚫고 그 구멍에 쇠줄을 끼워 연결한 후, 평소에는 그 쇠줄이 물속에 잠기도록 하여 숨겨 두었다가 적선이 통과 할 때 그 곳을 지키고 있는 병사들이 쇠줄을 감아 팽팽하게 당기면 물살에 휩쓸려 내려가던 적선이 쇠사슬에 걸려 속절없이 수장되는 장치를 말한다.

임진 1월 17일

저녁에 쇠사슬을 묶을 구멍이 뚫린 돌을 실어오기 위해서 배 4척을 선생원으로 보냈다.

임진 2월 2일

쇠사슬을 매는 데 필요한 크고 작은 돌 80여 개를 실어왔다.

임진 2월 9일

새벽에 이원룡이 군사를 인솔하고 쇠사슬을 꿸 긴 나무를 베러 두산도斗山島(여수의 돌산도突山島)로 떠났다.

임진 2월 15일

석수들이 새로 쌓은 해자 웅덩이가 너무 많이 무너져서 담당자에게 벌을 주고 다시 쌓게 했다.

임진 2월 22일

아침에 공무를 본 뒤 녹도(鹿島 : 전남 고흥군 도양면 녹등로)로 향했다. 황숙도도 함께 갔다. 먼저 흥양興陽 전선소(戰船所 : 고흥읍)에 가서 배와 기구를 직접 점검했다. 계속하여 녹도로 가서 새로 쌓은 문루 위에 올라가 보니 경치의 아름다움이 고을 안에서 으뜸이었다.

임진 3월 27일

아침을 일찍 먹은 뒤에 배를 타고 소포(召浦 : 여수시 종화동 종포)로 나가 쇠사슬을 매는 것을 감독하며 하루종일 기둥나무를 세우는 것을 보았다. 그리고 거북선에서 대포 쏘는 것도 시험하였다.

임진 4월 13일에 왜군이 부산을 침입하였으나 장군은 15일에야 통보를 받는다.

임진 4월 12일

식사 후에 배를 타고 거북선에서 지자地字, 현자玄字포를 쏘아 보

았다. 순찰사 군관 남공이 살펴 보고 갔다. 동헌으로 옮겨 활 10순을
쏘았다.

임진 4월 19일

아침에 품방品防에 해자를 파고 쇠사슬에 구멍 뚫는 일로 군관을
정해 보냈다. 아침 식사
후에 동문에 나가 품방
역사를 직접 독려했다.
오후에 상격대上隔臺를
순찰했다. 이날 분부군奔
赴軍 7백 명이 역사에 동
원되었다.

거북선 모형

이상의 기록을 보면 장
군은 전쟁 시작 전이나 발발 후에 관계없이 철저히 전투준비를 하
고 있었음을 알 수 있다. 새삼스럽게 일기의 위력을 실감하는 동시
에 위대한 장군의 실상을 보는 것 같다.

일본군 병력 도합 20만 명이 250척의 배를 타고 부산포 앞바다로
진격해 왔다. 이에 대한 전쟁의 전과는 차차 기록하기로 하고, 계속
해서 임진년 전쟁 발발 후 7년간의 기록을 살펴보기로 한다.

제1차 출전시 판옥선板屋船 24척, 협선挾船 15척 등 모두 86척이 5
월 4일~7일까지 옥포에서 3회의 접전 끝에 왜선 40척을 섬멸했다.
이 승리로 가선대부嘉善大夫에 승진하였다.

통영의 세병관. 세병관은 '군율을 바로 세워 엄격한 군대를 만드는 곳'이라는 뜻이다.

제2차 출전. 5월 29일

사천 해전에서 장군은 왼쪽 어깨에 적탄을 맞아 중상을 입었으나 그대로 계속 전투를 하였다.

6월 5일

당항포 해전과 율포해전 등에서 72척의 적선을 무찔렀다. 이 승리로 자헌대부資憲大夫로 승진하였다.

제3차 출전. 7월 8일

한산해전에서는 적선들이 앞서의 전투에서 완전 실패한 관계로 꼭꼭 숨어서 나와 싸우려 하지 않았다. 이에 우리는 병선을 점검하는 것처럼 가장하여 그들이 숨어 있는 근처를 슬금슬금 도니 적들

은 그간 패전한 울분을 터뜨려 몇 척의 배라도 잡아 분풀이를 할 양
으로 몇몇의 배가 뒤쫓아 왔다.

　우리의 병선은 쫓기는 척 하고 도망을 치게 하니 적선들이 떼 지
어 전속력을 내어 넓은 바다로 몰려 나왔다. 그것이 유인책이라는
것을 꿈에도 몰랐던 왜병은 넓은 바다로 이미 나와버려 어쩔 수 없
이 전투를 하려 했으나 그들은 순식간에 장군의 학익진 전술에 포
로가 되었다.

　우리는 덫에 걸린 적선 73척 중 12척은 나포하고 47척은 불태우
고, 다시 안골포 해전에서 42척을 분파하였다.

　제4차 출전. 9월 1일
　부산포를 습격하여 적선 100여 척을 격파함으로 왜의 수군에 치
명상을 입혔다.

　참으로 위대하고 또 위대하다는 말밖에 할 말이 없다. 23전에 23
승을 이끌어 낸 장군의 힘은 과연 어디에서부터 비롯되었는지
　임진년 7월 8일의 전투를 중앙에 보고한 《장계:보고서》의 내용을
살펴보기로 한다.

《장계狀啓》
　'견내량見乃梁의 지형이 매우 좁고 또 암초가 많아서 판옥선이 서
로 부딪치게 될 것 같아서 싸움하기가 곤란했습니다. 적은 만약 형
세가 불리하게 되면 기슭을 타고 뭍으로 올라갈 것이므로 한산도
바다 가운데로 유인하여 모조리 잡아버릴 계획을 세웠습니다.

한산도는 사방으로 헤엄쳐 나갈 길이 없고 만약, 뭍으로 오르더라도 결국에는 굶어 죽게 될 것이므로 판옥선 대여섯 척으로 먼저 나온 석을 뒤쫓아서 엄습할 기세를 보이게 하니, 적선들이 일시에 돛을 달고 쫓아 나오므로 우리 배가 거짓으로 물러나는 척 돌아오니 왜적들도 따라 나왔습니다. 그 때 여러 장수들에게 명령하여 학익진鶴翼陣을 펼쳐 일시에 진격하고 각각 지자·현자·승자 등의 총통들을 쏘아서 두세 척을 함몰시키자 왜적들은 사기가 꺾이어 물러났습니다.

우리 군의 장수와 군사들이 승리한 기세로 흥분하여 앞다투어 돌진하면서 화살과 화전火戰을 잇달아 쏘아대니 그 형세가 마치 바람처럼, 우뢰처럼 적의 배를 불태우고 적을 사살하여 일시에 다 해치워 버렸습니다.'

갑오년(1594년) 3월 4일

진해 앞바다에 이르러 왜선 여섯 척을 뒤쫓아 불태워 버렸다.

또 소소강에 열 네 척이 들어왔다고 하므로 조방장과 경상 우수사 원균에게 나가 토벌하도록 전령했다. 고성땅 아자포阿自音浦:고성군 동해면에서 진을 치고 밤을 지냈다. 이 날 올린 장계는 다음과 같다.

《장계》

새벽에 전선 20여 척을 경내량에 머물게 하여 불의의 사태에 대비하게 하고, 또 삼도의 가볍고 빠른 배輕銳船를 가려내어 전라좌도에서는 좌척후장 삼도첨사 지완, 일령장 노천기…… 그리고 나는 이억기 및 원균과 함께 대군을 거느리고 영등포와 장문포의 적진

앞바다의 섬(증도甑島 : 마산시 합포구 구산면) 해상에서 학익진鶴翼陣을
펴 바다를 가로 끊어서 앞으로는 군사의 위세를 보이고, 뒤로는 적
의 퇴로를 막았습니다.

그러자 왜선 열 척이 진해 선창(마산시 합포구 진동면 진동리)에서 나
와 도망갔습니다. 이에 조방장 어영담이 거느린 여러 장수들이 한
꺼번에 돌진하여 좌우로 협공하자 여섯 척은 진해땅 읍전포(마산시
합포구 진동면 고현리 구산면)에, 두 척은 고성땅 어선포(통영시 구산면)에
배를 버린 채 뭍으로 올라가므로 모두 남김없이 쳐부수고 불태워
버렸습니다.

장군은 7년 전쟁 동안 늘 몸이 약하여 자주 앓고 있으면서도 내색
을 하지 않고 어떠한 위급함에도 서두르지 않았다 한다. 또 병사들
이 놀라 웅성거리거나 흔들리는 기색을 보이면 장군이 먼저 입을
꼭 다물고 앉아 있으면 앉은 자세로, 서 있으면 서 있는 자세로 미
동도 하지 않아 위엄을 보임으로써 병사들을 통제하였다고 한다.

(2) 도자기陶磁器 전쟁戰爭

임진왜란을 한편으로는 도자기陶磁器전쟁
이라고도 한다. 그 이유는 임진왜란 당시 일
본군이 도자기 약탈은 물론이요, 도공들까
지 납치하여 갔기 때문이다.

조선을 침범한 일본군 중에는 도굴꾼들이
끼어 있어 조선 왕실과 사대부가들의 무덤

장군사발 (명우 작)

호리병

들을 파헤치는 데 혈안이 되었다.

게다가 그들의 야욕은 그것으로 끝나지 않고 도공들은 물론, 글을 잘하는 문인들까지 전리품으로 데려다가 자기들 성주의 종으로 삼았다. 그러나 전쟁의 주범인 도요도미 히데요시豊臣秀吉(1537년~1598년)가 임난 중 죽자 절손이 되어 대가 끊어졌으니 하늘은 결코 무심하지 않았다.

역사란 살아 있는 교육이요, 미래를 살아가는 지혜라고 한다.

이렇게 뼈를 깎아내는 아픔도, 코를 베이고 귀를 잘리는 수모에도 불구하고 우리가 다소나마 위안받는 것은 저 높은 곳에서 늘 태양처럼 변함없이 빛났던 장군의 업적 때문이다. 그 업적이 찬연하니 우리의 슬픔이 위로를 받고, 곧 지혜의 힘을 얻어 용기로 솟아오른다.

당시 일본 차계茶界에서는 우리의 찻사발을 고려다완高麗茶碗이라 하여 매우 귀한 보물로 여겼다. 따라서 그 값도 매우 높아 함부로 가질 수 있는 그릇은 아니었다. 그래서 도요토미 히데요시(豊臣秀吉)가 그 다완을 확보하기 위해 전쟁을 일으켰기 때문에 도자기전쟁이라고 하는 것이다.

임진왜란을 일으킨 도요토미 히데요시는 일본 간바구關白(천황을 대신하여 천하를 다스리는 직위)였다.

그는 천하를 제패한 영웅의 위치에 있으면서도 만족하지 못하고 자신의 차 선생(센리큐千利休(1522년~1591년))을 권력으로 죽였으니 인간 이하의 졸장부일 수 밖에 없다.

지금도 일본의 차계에서는 사부師傅, 즉 차도를 지도하여 준 선생은 배신하지 않는다는 불문율이 전해져 오고 있는데 이는 센리큐와 도요토미 히데요시 때문에 생긴 무언의 법칙이다.

도요토미는 전쟁 중 조선의 무덤을 파헤쳐 가져 온 전리품 중에 차 사발을 보고 "이것이 바로 고려다완高麗茶碗이다."라고 외치며 천하를 얻은 것보다 더 기뻐하였다고 전한다. 그가 이렇게까지 기뻐하며 전쟁을 일으켜야 했던 속사정이 무엇이었는지 여러 기록 등을 근거로 알아보기로 한다.

도요토미는 본시 천민 출신으로 땅 한 평 없는 떠돌이 농사꾼이었다고도 하고, 장터에서 바늘을 파는 장사치였다고도 한다. 그러나 그는 부지런하고 영리해서 당시 막강한 성주의 아들이 귀공자 오다 노부나가織田信長(1534년~1582년)에게 접근했다.

오다 노부나가는 히데요시의 생김새를 매우 기이하게 여겨 자기 집 마

차 항아리(중)

굿간에서 말을 돌보게 하였다. 그랬더니 열심히 말을 잘 기를 뿐만 아니라 마굿간 주변까지 늘 깨끗이 청소를 하니 그 부지런함에 끌려 노부나가는 도요토미를 자기 신변 가까이에 두었다.

도요토미는 그때부터 오다 노부나가 주변에서 잔신부름을 하며 주인을 깍듯이 섬기며 출세가도를 달리게 되었다.

노부나가의 전성기에는 일본의 차밭이 한참 번창할 무렵이긴 했으나 다도가 완성된 시기는 아니었다고 한다.

〈일본 문화사〉에서 차문화에 관련된 부분을 살펴보자.

아시까足利시대는 1396년에서 노부나가에게 쫓길 때인 1576년까지 약 180년간을 말한다. 이 때의 다도에 대하여 아래와 같은 비평이 있다.

'아시까 장군足利 將軍 시대의 다도는 비용이 많이 들지 않고 본질적으로 억제抑制의 아름다움을 추구하는 귀족적인 예찬이었다. 이러한 것이 오다 노부나가織田信長와 도요도미 히데요시豊臣秀吉에 의해서 허식虛飾의 수단이 되어 거의 얼토당토않은 서투른 흉내가 되었다.'

진사와 다화

이에 따르면 다도를 진지한 수행으로 생각하는 다인들과는 달리 도요토미는 권력과 금력의 과시용으로 이용하였음을 알 수 있다.

그는 비천했던 자신의 신분을 감추기 위해 누구도 흉내 낼 수 없도록 화려함만을 추구하였던 것이다.

다음은 히데요시와 센리큐우에 대해서 알아보기로 한다.

일본 다도의 완성을 이루어낸 센리큐우는 국제무역항인 사까이堺에 있는 생선집의 맏아들로 태어나 어려서부터 차茶공부를 하였다. 처음에는 무가武家 출신인 노우아미能阿彌 풍류를 이어받은 기다무끼北向道陣에게 사사師事하였으며, 일본 다도계의 명인이었던 다께노 죠우오우武野紹鷗에게 약 15년 동안 사사하였다. 또 약관 16세의 젊은 나이로 차회茶會를 열었으며 차회를 이끌만큼 능숙하였음에도 끊임없이 사부에게 배우며 수행하는 법도를 남겼다.

청정 6년(1578년) 58세의 센리큐우는 오다 노부나가의 다두茶頭 패거리에 가담하였으나 청정 10년에 그가 혼노사本能寺의 변으로 죽자 그는 도요토미 히데요시의 다두茶頭로 옮기면서 연봉年俸으로 3천 섬을 받았다. 도요토미가 센리큐우에게 파격적인 대우를 하게 된 까닭은 다도를 통하여 사회를 안정시키려는 정치적 의도에서 비롯되었다고 한다.

도요토미와 센리큐우의 생각이나 다법은 전혀 달랐다. 소박하고 단아하며 수행적인 초암다법을 이끌어가는 센리큐우는 정신세계를 우주관으로 추구하는 반면, 도요토미는 분별없는 다법으로 오직 화려함만을 추구했다.

이 정신이 빠져 있는 다법은 아무런 의미가 없는데도 도요토미는 권력을 내세워 정치적 절대자로 군림하려 하였으니 한심스런 일이었다. 생각이 서로 다른 이 두 사람은 끝내 서로를 경계하게 되었고, 센리큐우는 자기 생명의 위태로움을 느끼면서도 끝내 그를 찬양하지 않았다.

한편 사도師道를 어긴 도요토미는 야망과 부를 축적하는 데는 성공하였으나 차에 관한 한 센리큐우의 수양과 인격에 도달하지 못함을 내심 늘 껄끄럽게 생각하고 있었다.

그래서 차의 대가인 스승 센리큐우가 존재하는 한 자신의 입지가 불편하고 자유롭지 못하다고 판단하고 여러 궁리 끝에 조선의 찻사발의 독점권이 센리큐우에게 있음에 생각이 미쳤다. 그는 이에 착안, 조선과의 전쟁을 빌미로 삼아 센리큐우를 처치하기로 했다. 그래서 마침내 센리큐우가 전쟁을 반대한다는 몇 가지 이유를 들어 역모의 죄명을 씌워 스스로 자결하도록 만들었고 비열한 도요토미는 이에 대한 비난을 전쟁의 승리로써 무마하려고 조선을 침범하였던 것이다.

눈치 빠르고 꾀가 많은 도요토미가 센리큐우에 대해서 참을 수 없이 화가 나 있었던 것은 센리큐우가 개발한 고려다완高麗茶碗의 독점권과 다완에 관한한 최고의 명인이라는 권위에 대한 시기심 때문이었다. 센리큐우가 다계의 일인자로, 진정한 다인으로, 고매한 인격자로 만인들에게 추앙받는 것이 그의 질투심을 건드렸던 것이다.

이 하찮은 감정의 대립으로 일으킨 전쟁에서 두 나라간에 희생된 자는 그 얼마이며, 물질적인 손실은 또 얼마이던가? 도요토미도 그 후 10년을 더 살지 못했고 그 자식마저 비참하게 끝이 나니 후대의 사람들은 말한다. '덕이 없는 대장부는 졸장부 중에 졸장부' 라고.

후대 사람 중에는 그를 정신 장애자라고 평가하기도 하였다.

《영록》 연간(1558년~1569년)에 프로이스트와 함께 경기 지방의 포교를 맡았던 다메이다는 야소회사의 일본통신耶蘇會社日本通信(1565년)에서 찻그릇에 대하여 다음과 같이 말하고 있다.

"우리들은 보석이나 금은의 조각을 보물로 한다. 그런데 일본은 낡은 솥이나 금이 간 도기陶器 또는 토기土器를 보물로 한다."

이상과 같이 보물로 생각하는 기준도 나라마다 조금씩 다르다.

일본은 그 당시 도자기가 매우 귀했으므로 조선의 도공을 납치하여 아예 생산하기로 하였던 것이다. 그러나 세상만사가 뜻대로 이뤄지는 것만은 아니었으니 도요토미 히데요시는 역모逆謀라고 하는 정략으로 고매한 스님이요, 다도의 사부였던 센라큐우를 몰락시킨 후 인간적인 면과 도덕적인 면에서 씻을 수 없는 죄를 지어 자신도 몰락하였다.

제아무리 높은 권력자라 할지라도 그 죄업까지 쉽사리 메꾸어지는 것은 아니다. 때문에 그는 이 세상의 모든 것을 얻었다고 하나 임진왜란의 도발과 정신적인 미숙으로 다인으로서는 크게 실패한 인물이다.

(3) 이순신 장군의 세보

(덕수 이씨 11, 12, 13대 세보)

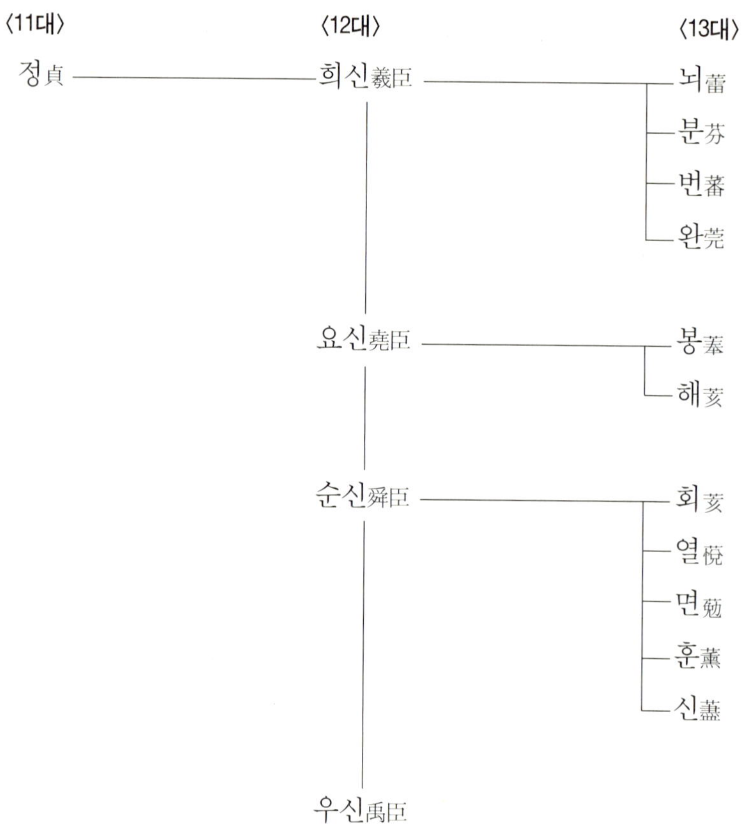

이순신 장군의 아버지 정貞은 네 명의 아들을 두었는데, 그 이름
들이 매우 특이하다. 고대 중국의 삼황오제三皇五帝의 이름자를 각
각 넣고 지은 것이다.

첫째의 희신羲臣은 태호복희太暭伏羲의 희羲자에 신하 신臣자를 썼

으니 복희의 신하요, 둘째 요신堯臣은 요堯 임금의 임금 요堯자에 신하 신臣자를 썼으니 요임금의 신하요, 순신舜臣은 순舜 임금의 임금 순舜자에 신하 신臣자를 썼으니 순임금의 신하요, 막내인 우신禹臣은 우禹 임금의 임금 우禹자에 신하 신臣자를 썼으니 우임금의 신하라는 의미로 해석되기도 한다.

부모가 자식들의 이름을 지을 때에는 자식에 대한 원대한 꿈과 희망을 실어 짓는다. 그렇다면 장군의 아버지께서는 과연 어떤 생각으로 나라를 세우고 백성을 다스리고 지도했던 황제의 이름들을 따다가 아들 네 분에게 붙여준 것일까?

그것은 아마 부귀와 영화보다는 덕치德治를 베푸는 인물이 되기

충무공의 어머니께서 사셨던 자리에 세운 비석.
(여수시 웅천동 송현마을 1420번지)

충무공 어머니의 묘비

를 소원했기 때문이라는 생각이 든다.

보통 자식은 부모들의 희망이요, 소망을 이루어 주는 존재여서 때로는 부모의 한을 대신 풀어달라는 원대한 희망을 걸기도 한다. 그래서 장군의 아버지도 네 아들 모두에게 보통의 이름이 아닌 뜻 깊은 이름으로 지었던 것 같다.

네 아들 중 세 분은 일찍 사망하였고 단 한 분, 장군만이 남아 종묘사직은 물론 나라의 위기를 극복하여 세계사에서도 큰 인물로 추앙받고 있으니 아버지가 공들여 지어준 이름값을 한 셈이다. 이러한 일은 온 겨레의 영광으로 천년 만년 지속될 것이다. 또 장군의 아버지뿐만 아니라 어머니 변卞 씨도 대단히 훌륭한 분이었다고 전하여지고 있다.

이토록 훌륭한 인물이 어찌 이름만으로 성공하였겠는가? 장군의 곧은 심성과 예리한 판단력과 올바른 행동과 확실한 분별력 등은 바로 가정교육에서부터 비롯되었을 것이니 당연히 부모의 교육적인 영향이 컸으리라 생각된다.

장군의 큰형인 희신羲臣은 아들 4형제를 두었는데 그 아들들의 이름은 첫째가 뇌蕾, 둘째가 분芬, 셋째가 번蕃, 넷째가 완莞이요, 둘째 형의 아들 2명의 이름은 봉菶과 해荄였다.

그 다음 장군 자신은 아내 방 씨와의 사이에 세 아들을 두었으니, 큰 아들은 회薈, 둘째가 열莈, 셋재는 면葂이었다. 다음 서자로 훈薰과 신藎 형제 외에 딸 둘을 더 두었다고 전한다.

장군의 자녀들은 직계 및 서자녀, 그리고 조카들까지 합하면 모두 13명인데 이름이 모두 외자이고, 한결같이 초두변(풀초艸 변)을 썼다. 이는 장군이 평소 초두 변을 매우 좋아하여 그렇게 됐다고 한다.

둘째 아들의 이름이 본래는 울蔚이었는데 정유년 5월에 울 자를 기쁠 열悅로 고쳐 쓰면서 "이 자는 음이 열인데, 이것은 싹이 기운차게 자라난다는 의미의 글자이니 그 뜻이 매우 좋다."
라고 하며 기뻐하였다.

도105 점필재집

점필재집 중에 차와 곡으로 교환한 글

이후 셋째 아들의 이름을 염苒에서 면勉으로 고친 것으로 보아 좋은 싹을 위해 마음을 썼음을 알 수 있다. 싹이란 본래 식물의 핵核으로, 하찮은 풀이나 몇 천 년을 버티고 자라는 나무도 모두 싹에서부터 시작된다.

우리의 옛말에 사람의 됨됨이를 '싹수가 틀렸다' 느니 또는 '떡잎부터 알아 봤다' 라고 하는데 이는 바로 싹의 위력을 평가한 말이다. 그러기에 싹 중의 싹인 신령스러운 차나무의 싹을 귀하게 여겨왔던 것이다. 초두 변을 쓰고 있는 차茶자나 싹 명茗자는 흔히 재난災難을 방지하거나 병마를 방지하는데 부적符籍으로 쓰기도 하였다. 따라서 장군은 일찍부터 식물의 싹을 매우 의미 깊게 평가하였던 것으로 생각된다.

특히 장군 주변을 살펴보면 일찍부터 차茶를 가까이 할 수 있는 운명적인 기회가 많았다. 장군의 부인은 상주 방씨尙州 方氏로, 부인의 아버지는 당시 보성 원님(지금의 군수. 그 이름은 방진方震)으로 있었기 때문에 차나무의 고장에서 살았으니 차를 잘 알고 있었을 것이다. 따라서 장군의 부인 역시 차를 잘 알고 대접하는데 조금도 소홀함이 없었을 것으로 생각된다. 그것은 그 당시에는 누구나 차를 밥 먹듯이 음용했었으며 임진란 이전까지 보성은 차의 생산이 활발했던 고장이었다.

김종직의《점필재집》을 보면 장군이 태어나기 약 백 년 전에는 나라에서 차 세금을 거두었다는 기록이 있다. 그 기록에 따르면 차나무가 없는 경상도에서는 차의 세금을 내지 못하면 전라도로 가서 곡식과 교환하는데, 쌀 한 말에 차茶 한 홉이었다고 하니 당시의 찻값을 짐작할 만하다.

고려시대에는 사대부가나 문인들 혹은 일반 가정에서 차는 흔하게 음료로 쓰였다. 때문에 '항다반사恒茶飯事' 라는 말이 탄생했다. 그런데 조선조에 이르러서는 불교와 더불어 차가 쇠퇴하면서 급속도로 차를 마시는 풍속이 사라져 갔지만 그래도 일부 계층에서는 차로 제례를 지냈고 일반 가정에서는 상비약으로도 쓰였다.

장군이 태어나기 전부터 학덕이 높은 사람들이라면《다경茶經》을 모르는 사람이 없었다.

성리학자인 김종직金宗直(1431년~1492년)은 함양 군수로 있을 때 백성들의 고달픈 차세를 덜어주기 위해 지리산에 차를 심었다. 또 생육신 중에 한 사람인 매월당梅月堂 김시습金時習(1435년~1493년)도 차나무를 길렀고, 일본 승려 준俊은 매월당에게서 차에 관한 많은 지식을 전수 받았다.

한재寒齋 이목李穆(1471년~1498년)은 다부茶賦를 지어 차를 예찬하였다.

조선 시대의 차례茶禮의식은 남자가 주관하고 여자는 음식만을 다루는 것으로 정해져 있었다.

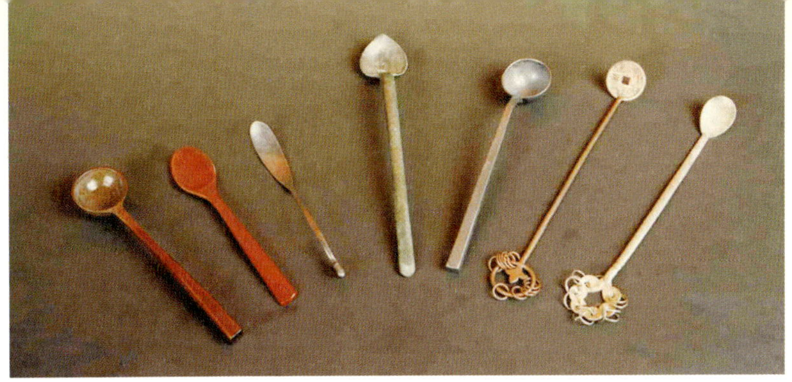

고려 차시(茶匙 : 차숟가락)

　장군께서는 난중에서도 망궐례와 조상 제례는 물론 궁중의 역대 왕과 왕후들의 제례까지도 난중일기에 기록하고 있다.

　《난중일기》1594년 7월 17일자 기록을 보면 명나라 장수 파총 장홍유가 장군을 찾아와 첫 대면을 할 때, 이순신 장군은 외국손님을 맞이하는 접빈진다례接賓茶禮 의식으로 차를 대접하였다.

　장홍유는 장군이 베풀어 준 차를 흡족히 생각하고 명나라로 돌아가 여러 장수들에게 장군과의 교류했던 이야기 중에 다례의식을 극구 칭찬했다. 그러자 이 이야기가 널리 알려져 이후 명나라의 장수들이 조선에 파견되어 오면 장군을 뵈올 때 차대접 받는 것을 큰 기쁨으로 여겼다. 또 명나라에서 가져온 선물 중에는 다기구茶器具와 차茶가 꼭 들어 있었다.

　그 다기구의 종류를 보면 장군이 차를 매우 좋아하였음을 알 수 있으며, 직접 행다行茶를 하였던 것으로 보인다. 왜냐하면 장군이 직접 행다를 하지 않았다면 그들이 가져 온 선물은 쉽게 주고받을 수 있는 선물은 아니었기 때문이다. 그 품목은 차 숟가락이나 차 항아리로 차를 모르는 사람에게는 그 가치를 알 수 없는 것들이었다.

　이 밖에 금선金扇과 복숭아형 잔과 허리띠도 있으나 다기 중에서 찻잔이나 찻사발[茶碗]도 아닌 차 숟가락이나 차 항아리라고 하는 점이 매우 깊은 의미를 부여하고 있다고 생각된다.

(4) 인간 이순신

여수 세검정 : 무기와 군기고를 복원함

장군은 매우 대범한가 하면 치밀하고, 섬세하면서도 관대하며, 엄격하면서도 자애롭고 인자한 분이어서 그 바탕에는 소박하고도 진실된 인간성이 자리잡고 있는 것으로 보여진다.

특히 장군은 어떠한 어려움에서도 공과 사가 분명했으며 모든 일은 일단 깊이 생각한 다음 결정하여 행동했다.

이러한 성격은 천성이 그러하다고 할 수도 있으나 어려서부터 모든 악조건을 극복하는 과정에서 다져진 것으로 보인다. 언제, 어디서, 무엇이, 어떻게하여 어려움이 닥쳐오게 되는지, 먼저 냉정하고 엄격하게 판단하여 극복했던 것이다. 그것은 그의 일기에 잘 나타나고 있다.

임진란 7년 동안 마음 놓고 허리띠를 풀지 않았던 것도 우선 유비무환의 정신무장 때문이었을 것이다. 장군은 긴장을 늦추지 않고 책임과 의무를 다하기 위해 노력하면서 도리에 어긋난 비리를 보면 추상같은 영을 내렸고 그에 합당한 벌을 줄 때에는 단호했다.

전쟁 중 이적행위를 한 자나 부대를 이탈하여 도망간 자는 반드시 잡아다가 목을 베었다. 그것은 전쟁 중 병사가 이탈하게 되면 그 전쟁은 곧 패전을 뜻하는 것으로 용서할 수 없는 것이었기 때문이다.

한번은 큰아들인 회薈가 장군의 수하인 방자에게 곤장을 때렸다는 말을 듣고 곧 아들을 뜰아래로 불러 타일렀다. 아들이 아버지의 종을 때렸다 하여 아버지가 아들의 잘못을 수하들이 보는 앞에서 지적하는 것은 아무나 쉽게 할 수 있는 일이 아니다. 지금도 우리의 주변에는 자식의 잘못을 늘 감싸기만 하는 부모가 얼마든지 있지 않은가.

장군은 28일 간의 옥고를 치루고 1597년 4월 1일에 옥에서 풀려났는데, 그 죄목은 '왜장을 놓아 주어 나라를 저버렸다.' 라는 것이었다. 조정에서는 임금을 속인 자는 사형에 처해야 한다고 대신들이 입을 모아 사형에 처할 것을 주청하였다.

그러나 그 중 판중추부사 정탁鄭琢(당시 72세)이 올린 논구 이순신 차자論救李舜臣箚子(구명 탄원서)에 크게 힘입어 백의종군白衣從軍하라는 하명으로 간신히 풀려나게 되었다.

4월 13일. 장군은 어머니의 부고를 받았으나 내려갈 시간이 촉박하여 장례도 치르지 못하고 비가 억수로 쏟아지는데 남으로 떠나야 했다. 그는 자식된 도리를 하지 못하는 것이 안타까워 한없이 눈물만 흘렸다.

그렇게 남으로 길을 재촉하여 가던 중 정혜사라는 승려가 장군의 옥고를 위로하는 마음에서 미투리 한 켤레를 바쳤다. 장군이 사양하고 받지 아니하자 재삼 받아주기를 간청하니 미투리 값을 주어 보내고 그 미투리는 병사에게 주었다.

장군은 또 길을 재촉하며 내려가는 도중 하인들이 고을 사람들의 밥을 얻어먹었다는 말을 듣고 하인들에게 벌을 내려 꾸짖은 다음 곧 쌀을 보내주었다. 민폐를 끼치지 않게 하려고 늘 단속을 게으르게 하지 않는데도 이러한 일이 자주 일어나니 그 때마다 벌을 주고 돌아서서는 괴로워했던 것이다.

전쟁에서는 하찮은 군율이라도 지키지 못하면 전쟁을 이기지 못한다는 확고한 신념을 가지고 있었기 때문이다.

장군이 처음 좌수영으로 부임하였을 때였다. 그는 각 고을 벼슬아치며 병선兵船을 맡은 군관과 관리들에게 병선을 평소에 잘 수리해두라고 지시했다. 그리고 그대로 시행하지 않는 자는 곤장을 치기도 하였다.

장군은 "모두가 제 몸만 살찌우려 들어 해괴하기가 짝이 없다."고 한탄하였다. 또 한 병사가 여기저기 다니면서 해를 끼치고 이웃집 개에까지 피해를 입히므로 곤장 80대를 쳤다고 기록하고 있다.

남자가 너무 깐깐하면 졸장부라고 말하는데 만약 장군이 영웅호걸의 기질로 호탕하기만 하였다면 이 나라가 어떠한 결과가 되었을까? 꼼꼼하고 빈틈없는 장군이 직접 작전에서부터 무기 군량미까지, 또 피난민에서 중앙에 올리는 장계狀啓까지 처리를 하였기 때문에 전투에서 승리를 쟁취할 수 있었던 것이다. 장군은 그렇게 일인백역을 해냈던 것이다.

1592년 5월 29일

이 날 장군은 사천 선창에서 전과를 올리기는 하였으나 왼쪽 어깨에 탄환을 맞았다. 장군은 그 상처로 인하여 괴로운 심경을 편지로 써서 유성룡에게 보냈다.

"전일 접전할 때 스스로 막지 못하고 적의 철환鐵丸에 맞아 비록 사경에는 이르지 않았으나 깊이 어깨의 뼈를 상하였습니다. 그런데

다가 연일 갑옷을 입고 있으므로 상처가 헐어서 염증이 심하므로 밤낮 뽕나무 잿물과 바닷물로 씻으나 아직 낫지를 않아 민망스럽습니다.”

장군은 이 상처의 후유증으로 내내 고통스러워 했다. 빨래 짜듯 짤 정도의 식은땀으로 괴로워하다가도 적군이 침투할 기미가 보이면 훨훨 털고 일어나 진격하는 용맹은 마치 바람을 타고 하늘을 오르는 용과 같았다고 했다.

전쟁이란 때로 풍전등화와 같은 위기가 따라다니기 마련이다. 그래서 잠 못 이루는 밤이면 차 한 잔을 놓고 명상에 잠기기도 하고, 때로는 피리를 불거나 시를 읊다가 거문고를 뜯기도 하며 마음을 달랬다. 장군은 그렇게 늘 백척간두의 위기 속에서도 흔들리지 않고 빈틈없는 전투 준비를 했던 것이다.

당시 조정에는 일본 간첩 요시라要時羅가 왜장 코니시 유끼나가小

한산도에 있는 무루戍樓

西行長의 지령을 받아 경상우병사 김응서 진영을 드나들며,

"카또오 키오마사加藤淸正가 오래지 않아 다시 바다를 건너올 것이다. 그러면 조선 수군의 백전백승의 위력으로 이를 잡아 목을 베지 못할 바 없을 것인 즉, ……"

하며 꼬드겼다.

이 정보가 도원수 권율을 거쳐 조정에 보고 되자, 조정에서는 절호의 기회라고 섯부르게 판단하여 요시라의 계책에 따르라고 하명하였다.

그러나 장군은 이것이야 말로 일본의 간계奸計라고 판단하고 조정의 하명에 따르지 않자 임금과 조정을 속였다는 죄명으로 징계했다.

만약 장군이 난중일기를 쓰지 않았다면 어찌 지금까지 장군의 실상을 밝힐 수 있을 것인가? 당시 조정의 실록이 그냥 그대로 인정되었을 것이다. 또 장군이 소신대로 하지 않았더라면 나라는 어떠한 지경에 이르게 되었을 것인가?

그 후 요시라는 전과 같은 계략을 또다

한산도 앞바다를 바라보며 작전을 구상 중인 이순신 장군을 가상 연출하여 찍은 사진

시 그대로 쓰니 그 계략에 걸려든 원균은 완패하여 자신의 목숨까지 잃었고, 부하 중 단 1명만이 살아 남았으며 배는 170여 척 중 12척 밖에 남지 않았다.

1597년 5월 5일

삼도 수군통제사三道 水軍統制使였던 장군이 백의종군하여 남으로 남으로 내려 갔다. 효자인 그는 어머니의 장례에도 참석치 못하는 괴로운 심경을 아래와 같이 토로하였다.

"곡哭하고 우는 일조차 뜻대로 못하니, 무슨 죄와 허물이 이다지도 많아 이런 갚음을 당하는가. 나와 같은 사정은 고금을 통하여 그 짝이 없을 것이다. 가슴이 찢어지는 듯 아프고 아프도다."

"새벽부터 저녁까지 사무치고 슬픈 마음에 눈물이 엉기어 피가 되건마는 아득한 저 하늘은 어찌 내 사정을 살펴주지 못 하는고? 차라리 왜 빨리 죽지 않는가!"

"7월 10일, 새벽에 둘째 아들 열㦂을 아산으로 보내려고 제사 제물을 구하여 싸다가 솟구치는 정을 스스로 억누르지 못하고 통곡하여 떠나보냈다."

정유년 8월 3일

장군이 옥에서 풀려나온 후, 진주 인근의 수곡면 원계마을 손경례의 집마당에서 거적을 깔고 교지敎旨를 받았는데 그 내용은 다음과 같다.

"짐은 이와 같이 이르노라, 어허, 나라가 의지하여 보장을 삼는 것은 오직 수군 뿐인데 하늘이 아직도 화를 거두지 않아…….

3도 수군이 한 번 싸움에 모두 없어지니(원균을 말함) 근해의 성읍은 누가 지키며, 한산진을 이미 잃었으니 적이 무엇을 꺼릴 것인가?

생각하건데 그대는 일찍이 수사 책임을 맡았던 그 날 이름이 났고, 임진년 승첩이 있은 뒤부터 업적을 크게 떨쳐 변방 군사들이 만리장성처럼 든든히 믿었는데, 지난 번 그대의 직함을 갈고 그대로 하여금 백의종군하도록 했던 것은 역시 사람의 묘책이 현명하지 못해서 생긴 일이었거니와, 오늘 이와같이 패전의 욕됨을 당하게 되니 무슨 할 말이 있으리오.

이제 특별히 상복을 입은 그대를 기용하는 것이며, 또한 그대를 백의에서 뽑아내어 다시 옛날 같이 전라좌수 겸 충청·전라·경상 3도 수군통제사로 임명하노니…….”

이때는 임금(선조)이 태산같이 믿었던 원균이 패전한 후였으니 얼마나 다급하였으면 이러한 교지를 내렸을까?

이러한 교지를 받고 장군은 새삼스럽게 인정받은 기쁨보다는 풍전등화와 같은 위기에 남은 배 12척으로 적선 130척과 싸워야 하니 그 고심함이 얼마나 컸을까?

그 해 즉 정유년 12월 5일, 도원수都元帥의 군관이 유지有旨를 가져 왔는데 그 내용은 다음과 같았다.

"이번 선진관 편에 들으니 통제사 이순신이 아직도 상제喪制의 예

법을 지키느라 방편을
좇지 않아 다른 여러 장
수들이 민망히 여긴다
고 한다. 사사로운 정은
간절하지만 지금은 국
사가 한참 바쁜 때이다.
옛 사람의 말에도 전쟁
에 나가 용맹하지 않으
면 효孝가 아니라 했다.

송대 청자 차호

전쟁에 나가 용감하다는 것은 소찬素饌이나 먹어서 기력이 부족하
여 능히 싸움에 나가지 못하는 일이 아닌지라, 예기禮記에도 원칙을
지키는 경經이 있고, 방편을 취하는 권도權道가 있도다. 그러하니 국
가의 대사 앞에 개인의 일을 반드시 원칙대로만 지킬 수 없는 것이
리니 경卿은 내 뜻을 생각하여 소찬 먹는 것을 멈추고 방편을 따르
도록 하라."

이것은 선조 임금의 간절한 뜻이었다. 아울러 '고기반찬을 친히
내리셨으므로 한층 더 감개무량 하였다.' 라고 기록하고 있다.

장군은 그토록 큰 고통과 시련으로 목숨이 위태로울 지경에 이르
렀어도 조금도 흔들리지 않고 지조를 지켰다. 장군의 그러한 태도
는 누구나가 할 수 있는 일이 아니라 신의와 신념만이 충일하여 추
호도 사심이 없었기 때문에 큰 공을 세울 수 있었던 것이다. 이는
바로 장군의 정신세계와 차의 정신이 결합된 결과라는 생각이다.
이후 겸삼도통제사兼三道統制使로 임명된 후의 일기를 보자.

정유(1597년) 9월 11일

흐리고 비가 올 듯했다. 홀로 배 위에 앉아 그리운 어머니 생각에 잠겨 눈물을 흘렸다. 천지天地간에 어찌 나 같은 사람이 어디 있으랴. 자식 회薈는 내 심정을 알고 몹시 언짢아 하였다.

정유 9월 15일 맑음

조수潮水를 타고 여러 장수들을 이끌고 진陳을 우수영右水營(전남 해남군 문내면) 앞바다로 옮겼다. 이는 벽파정碧坡亭(전남 진도군 고군면 벽차리) 뒤에 명량鳴梁이 있는데, 수가 적기 때문에 명량을 등지고 진을 칠 수 없기 때문이었다. 이에 여러 장수를 불러 놓고 '병법에 이르기를 죽고자 하면 오히려 살고, 살고자 하면 도리어 죽는다.' 하였고, 또 '한 사람이 길목을 지켜 천 명도 족히 두렵게 할 수 있다는 말이 있는데 오늘 우리를 두고 이른 말이다. 너희 여러 장수들이 조금이라도 명령을 어기는 일이 있다면 아무리 작은 일일 망정 마땅히 군율대로 시행해서 용서치 않겠다.' 고 재삼 엄하게 하명 하였다.

이날 밤 꿈에 신인神人이 나타나 가르쳐 주기를 '이렇게 하면 크게 이기고, 이렇게 하면 지게 된다.' 고 하였다.

이 일기의 기록은 바로 명량해전의 전야에 기록했던 것으로 장군이 거느린 배 12척이 적선 130여 척을 단숨에 물리친 전투를 말함이다. 그 전투에서는 하늘도 땅도 신도 모두 하나가 되어 인간 이순신 장군을 도왔던 것이다. 이때 울돌목의 물때를 맞추어 걸어 둔 쇠사슬 전법이 크게 적중했던 것이다.

정유 10월 1일

병조兵曹의 역자驛子가 공문을 가지고 내려 왔는데 아산 고을 집은 왜군이 첩자를 보내 불을 질러 온통 분탕질을 당하여 잿더미가 되어 남아 있는 것이 없다고 전하니 할말을 잃고 말았다.

정유 10월 14일

아산으로 보낸 열悗이 글을 써 보내왔다. 겉봉을 뜯고 보니 머리에 '통곡慟哭'이라는 두 글자가 있어 면葂이 전사하였음을 알고 간담이 떨어지는 것도 모르고 목놓아 통곡하였다.

하늘이 어찌하여 이다지도 어질지 못하신고? 간담이 타고 찢어지는 것 같다. 내가 죽고 네가 사는 것이 이치에 맞거니와, 네가 죽고 내가 살아 있으니 이렇게 어긋난 이치가 어디 있으랴……. 아직은 참고 살아가지만 내 마음은 이미 죽고 형상만 남아 울부짖을 뿐이다. 하룻밤을 지내기가 일년 같구나.

이보다 한 달 전, 명량해전에서 그토록 용감하게 싸웠던 장군도 자식을 잃고 나서는 이토록 비통해 하는 인간의 모습을 보이고 있다.

이순신 연표

1545년 : 가난한 선비인 아버지 이정과 어머니 변 씨의 셋째 아들로 태어남

1553년 : 충청남도 아산군 염치면 백암리로 이사

1572년 : 8월, 무사 선발시험인 훈련원 별과시험에서 떨어짐

1576년 : 2월, 식년 무과에 급제

12월, 함경도 동구비고의 권간이 됨

1579년 : 2월, 훈련원 봉사가 됨

10월, 충청도 병마 절도사의 군간이 됨

1582년 : 1월, 발포 만호에서 파면

5월, 다시 훈련원 봉사가 됨

1583년 : 7월, 함경남도 병사의 군간이 됨

10월, 건원보의 권간이 되어 오랑캐의 두목 울지내를 사로 잡음

1586년 : 1월, 사복시司僕寺 주부主溥가 되었다가 함경도 조산보 만호로 감

8월, 녹둔도 둔전관을 겸함

1587년 : 병마절도사 이일의 모함으로 파직되어 백의종군함

1588년 : 집에 돌아와 집안일을 함

1589년 : 2월, 전라순찰사 이광의 군관이 됨

12월, 정읍 현감이 됨

1591년 : 2월, 전라좌수사가 됨

1592년 : 4월, 거북선을 완성하고, 임진왜란이 일어남

5월, 옥포해전에서 이겨 가선대부로 승진

6월, 당포해전에서 이겨 자헌 대부로 승진

7월, 한산해전에서 이겨 정헌 대부로 승진

9월, 부산해전에서 이김

1593년 : 2월, 웅포해전에서 이김

7월, 한산도로 진을 옮김

8월, 삼도 수군통제사가 됨

1594년 : 9월 당항포에서 적을 무찌름

1595년 : 농사를 지어 군량을 마련하고, 배와 무기를 만드는 등 휴전 상
태에서도 쉬지 않으며, 많은 시와 글을 지음

1597년 : 2월, 원균의 모함으로 직위를 빼앗기고 체포되어 3월 4일에 하
옥 됨

4월 1일, 다시 백의종군의 명령을 받고 도원수 권율의 아래로
들어감

4월 11일, 어머니가 세상을 떠남

8월, 다시 삼도수군 통제사에 임명됨

1589년 : 2월, 전라도 고금도로 진을 옮김

7월, 명나라 수군 진인 도독과 연합함대를 만듦

11월 19일 새벽, 노량 앞바다 싸움에서 적의 총탄을 맞고 세상
을 떠남

(5) 장군과 차의 기록

난중일기에는 다음과 같은 차에 관한 글이 있다.

갑오 1594년 7월 17일. 맑음

새벽에 포구에 나가 진을 쳤다. 오전 10시 쯤에 명나라 장수 파총把摠 장홍유張鴻儒가 병호선兵號船 5척을 거느리고 들어왔다. 곧바로 육지에 내려 영문에 이르러 함께 이야기하기를 청했다.

내가 여러 장수들과 먼저 사정射亭에 올라가서 올라오기를 청했더니 파총이 배에서 내려 곧 올라왔다. 함께 자리에 앉아 만리 바닷길을 이곳까지 와주어 무한히 감사하다는 인사를 했다.

그는 '작년 7월에 절강에서 배를 타고 요동에 이르렀더니, 요동 사람들이 말하기를 해로 중에 돌섬과 암초들이 많고, 또 장차 화친하게 될 것이니 갈 것 없다하며 굳이 말림으로 그대로 요동에 머무르면서……'

나는 진다례進茶禮(고려 때부터 의식차를 말함)의 자리를 〈접빈진다례〉로 베푼 다음 술잔을 서로 권하며 강개慷慨한 정을 나누었다.

옛날에 군인들 간에 첫 대면을 할 때에는 먼저 공적인 인사를 하고난 다음에 사적인 인사로 마무리하는 것이 예의였다. 또 외국에서 온 손님이 그 나라를 대표하는 입장일 때는 궁중에서 접빈진다례를 하는데 이 때는 전시 중이었으니 간략하게 하였을 것으로 보인다.

다음은 명나라 장수들이 장군에게 선물한 목록 중에 차와 관련된 것만을 기록한 것이다. 일부 손실된 일기 중에도 더 있었을 것으로 사료된다.

• 1598년 10월 4일 복일승 유격에서 받은 것

청포 1단, 남포 1단, 금부채 4자루, 젓가락 2모, 산닭 2마리, 양 1마리

• 왕원주 유격에게서 받은 것

금띠 1, 양감도서값 1, 향합香盒 1, 경대 1, 부채 2, 비단실 1봉, 차항아리(茶壺) 1, 빗 2개

도배桃盃 : 이순신 장군이 소중하게 간직했다고 하는 복숭아형 잔으로 1598년 10월 초 명나라 장수 왕원주玉元周와 진파총으로부터 선물받은 것이라고 전하여지고 있다. (복제품)

• 오유림 천총에게서 받은 것

양대 1개, 배첩 20장

• 진국경유 파총에서 받은 것

꽃차(花茶) 1봉, 꽃무늬 잔 1대, 구리 찻숟가락(銅茶匙) 2부, 찻숟갈

(茶匙) 1부, 홍례첩 1개, 전간첩 5장, 서간첩 10장, 길절간 8장, 붉은 주사 젓가락 10쌍

• 계영천에게서 받은 것
금부채 1발, 땀수건, 1모, 부들부채 1자루, 수건 2장

이상은 난중일기 1598년의 표지 뒷면에 기록되어 있던 것이라고 전한다.(일부는 손실되고 없음)

주 : 김주영 작《충무공 이순신의 리더십》

이상의 기록을 살펴 보노라면 장군의 차생활이 어떠했는지 대략 짐작할 수 있다.

장군은 명나라 장수들을 맞이할 때에는 반드시 진다례를 행하였고, 또 그들이 선물한 물품 중에는 차를 모르는 사람에게는 쉽게 줄 수 없는 선물이라는 것을 알 수 있다.

꽃차나 향차는 매우 고급차로 당시 고가의 선물로 주고 받았다. 그러나 찻숟가락이나 차항아리 같은 다기구는 꽃차보다 더 고가이기는 했지만 차를 잘 모르는 사람에게는 선뜻 주게 되지 않는 선물이다.

다인 사이라 할지라도 찻숟가락의 선물은 신의信義의 징표이기에 누구에게나 주는 선물이 아니며 이렇게 값진 선물을 주고 받았다는 것은 차 생활의 깊이를 짐작할 수 있게 해준다. 특히 차 항아리 또 차단지[茶壺]는 다기 중에서도 귀한 선물로 여겨 함부로 주고 받는 선물이 아니라고 한다.

이로써 장군의 격조 높은 차생활이 증명되었다고 볼 수 있다.

(6) 찬사의 변

명나라 황제인 신종神宗 (1563년~1206년)은 장군의 전사 소식을 듣고 매우 안타깝게 여겼으며 그의 업적을 높이 평가하고 8가지 군사 장비를 하사하였다. 그것을 명조팔사품明朝八賜品이라 하는데 지금도 현충사 유물관에 전시되어 있다.

명나라 황제가 보내온 군사장비 팔사품

명나라 제독 진린陳璘은 장군 가까이에서 전투에 관하여 함께 협의하기도 하고, 때로는 견해의 차이로 서먹하여지기도 하였다. 그러나 일본을 적국으로 상대하는 것은 장군과 같은 처지였고, 또 장군의 능력과 인격에 감동하여 자연스럽게 존경하게 되었다.

그는 장군이 전사하는 광경을 가까이에서 보고 '이순신은 천지를 주무르는 재주가 있고 나라를 바로잡는데 지대한 공이 있었다.(李舜臣有經天緯地之才 補天浴日之功)' 하고 고사에서 인용한 최고의 찬사를 장군에게 바쳤다.

장군의 첫 장지였던 아산군 금성면의 묏자리 선정에는 명나라 지관도 참여한 것으로 전해지고 있다. 또 통제사를 제사하는 글《제이

통제문祭李統制文》에서 평시에 사람을 대해 이르되 '나라를 욕되게
한 사람이라, 오직 한 번 죽는 것만 남았노라(恥國之夫只欠一死).' 하시
더니 '강토를 이미 찾았고 큰 원수마저 갚았거늘 무엇 때문에 평소
의 한탄을 실천하시는고. 어허!' 하며 애석해 했다.

　일본의 학자 도구도미 죠이치로德富猪一郞는 이순신 장군의 전사
를 평하여 '그는 이기고 죽었으며, 죽고 이겼다. 조일 7년 전쟁에 조
선의 책사策士 · 변사辯士 · 문사文士들이 많지만 전쟁에 있어서는 참
으로 하나의 이순신으로써 자랑을 삼지 않을 수 없을 것이다.' 라 하
였다.

　또 '당시 일본의 수군으로 참가했던 장수들은 이순신 장군의 생
전에는 기를 펼 수 없었다.' 하며, '그는 실로 조선의 영웅일 뿐 아니
라 동양 삼국을 통하여 제일의 영웅이다.' 라고도 하였다.

　임진왜란과 거의 같은 시기인 1588년에 지구의 건너 편 유럽에서
도 신흥 해양 국가인 영국과 당시 초강대 세력이었던 스페인 사이
에 세계사를 바꾸는 대해전
이 있었다.

고족배

　당시 최강을 자랑하는 무적
함대의 스페인은 한산해전의
왜군과 같은 재래식 해전법
을 고수하였고, 영국은 조선
함대와 같은 신해전술을 펼
쳐 승리하여 세계의 제해권
을 손에 쥠으로써 해가 지지

않는 세계 최강국으로 부상하여 약 4세기 동안 세계사를 주도하게 되었다. 섬나라 해적국이었던 영국과 일본이 각기 동양과 서양에서 비슷한 시기에 대륙의 지배를 기도했지만 일본은 이순신 장군의 탁월한 전략전술로 인해 야망이 좌절되어 그 후 일본 해군은 긴 침묵으로 빠져들었던 것이다.

이순신 장군의 해전사가 서방세계에 알려진 후 많은 전략 전술가들이 그의 위업에 최상의 찬사를 아끼지 않았다. 영국 해군 중장 밸러드G. A. Ballad는 그의 저서에서 한산해전을 평가하여 말하기를

"이 해전으로 일본이 중국을 침략하려던 야망은 급속히 끝을 맺었다. 이것은 위대한 조선의 제독이 세운 빛나는 전공 때문이었다."
라고 했다. 아울러,

"그는 불과 6주간이라는 짧은 기간에 세계 해전사상 유례가 없는 연전연승의 전공을 세웠다."
라고 찬사를 아끼지 않았다.

일본의 해군 원수인 도고 헤이하찌로東卿平八郎(1847년~1934년)는 러·일 전쟁의 승리를 축하는 연회장에서

"나를 영국의 넬슨Nelson(1758년~1805년)에 비길 수는 있으나, 이순신에게 비기는 것은 도저히 감당할 수 없는 일이다."
라고 고백하였다.

그러면 도고 제독의 이 말의 뜻은 어디에 있으며, 그가 이순신 장군을 넬슨보다 더 높이 평가한 연유는 무엇일까?

이들은 한 나라의 제독이라는 공통점이 있으며 시대와 나라는 달라도 승전으로 나라의 위상을 높여 빛을 낸 것도 서로 비길 만한 상대이다. 그럼에도 이렇게 극찬한 까닭을 구체적으로 알아보기로 하

면 대략 다음과 같다.

이순신 장군은 이들(넬슨과 도고)보다 약 200~300여 년 전의 사람이다. 그런데도 해전의 병법을 처음 창안하여 승리하였으니 존경과 칭찬을 받을 만한 것이 그들과 다른 첫째요,

두 제독은 나라의 뒷받침이 탄탄하여 함대를 비롯해 병사와 군수품 일체를 나라에서 보급해주어 마음놓고 전투를 하였을 것이니 그러하지 못했던 장군과 다른 둘째요,

장군은 나라가 직위를 임명하였다 하여도 조정의 양식과 생활필수품까지 걱정하며 병사들이 틈을 내어(장기전을 대비하여) 농사를 짓고 도자기와 소금도 구워 이것을 팔아 모자라는 식량과 무기를 만들고 화약도 준비하고 배도 제작했던 것이 그들과 다른 셋째요,

장군의 경우는 간신배들이 전쟁의 실전은 알지도 못하면서 탁상공론만 일삼으며 일일이 간섭하였으니 이것이 그들과 다른 넷째요,

백의를 입혔다 벗겼다 하는 슬픔보다 더욱 애처로운 것은 장군을 믿는 순박한 백성과 가난한 나라를 구제해야 하는 책임이 다섯째의 괴로움이니, 앞서 두 제독과는 전혀 다른 환경이었다.

그런데도 그는 한마디 불평을 하지 않고 묵묵히 감당하였다.

도고 헤이하찌로가 러·일 전쟁에서 승리한 전법이 바로 학익진 전법이었는데 도고는 이것을 T자 전법이라고 하였다. 약 300년이 지났음에도 장군의 학익진법의 위력은 여전히 빛을 발휘하고 있었으며, 오늘날의 게릴라 전법 역시 장군의 전법이었던 것이다. 이런 연유로 도고는 이순신 장군을 능가하지 못한다고 고백했다. 도고의 말이 진심이었다고 나는 믿는다.

세계 4대해전

1. 그리스 데미스토클레스 제독의 살라미스 해전

기원 전 480년 막강한 페르시아 침략군이 그리스를 침공하자 살라미스 해협으로 유인, 섬멸시킨 세계 최초의 대규모 해전. 이로 인해 헬레니즘 문명이 번성할 수 있었다.

2. 영국 하워드 제독의 칼레 해전

1588년 영국의 하워드 제독이 스페인의 무적함대를 칼레 항구에서 궤멸시킨 해전. 이로해서 향후 400여 년간 영국이 세계 해양대국으로 군림하는 계기가 되었다.

3. 한국 이순신 장군의 한산도 대첩

1592년 7월 8일, 이순신 장군이 학익진 전술로 왜적을 섬멸시킨 해전. 당시 조선을 점령하고 있던 일본의 육군은 전라도 지방을 점령하고자 한양과 평양에 있던 주력군을 모두 모아 일부는 전주 방향으로, 일부는 경상도에서 지리산으로, 그리고 수군은 남해로 쳐들어 왔다. 그러나 조선의 조정은 개전 3일만에 한양을 포기하고 피난을 떠나버려 재정, 병력, 군량미, 무기 등을 전혀 지원받을 수가 없었다. 이러한 최악의 조건에서 오로지 이순신 장군 홀로 고군분투하여 얻어낸 승리여서 더욱 값진 전투였다.

4. 영국 넬슨 제독의 틀라팔가르 해전

1805년 영국의 넬슨 제독이 프랑스와 스페인의 연합함대를 격파했던 해전. 나폴레옹의 영국 진출을 무산시킨 해전이다. 이 전투에서 넬슨 제독이 전사했다.

이 중에서도 한산도 대첩이 가장 위대한 해전으로 세계의 해군사에 기록되어 있다. 다른 해전들은 모두 국가의 지원이 막강했던 것에 비해 이순신 장군이 이끌었던 조선 수군은 국가의 지원도 못받고 모든 조건에서 최악이었는데도 불구하고 승리를 거두었기에 가장 높이 평가 받는 것이다. 때문에 우리는 목숨을 걸고 조국을 위해 싸우신 이순신 장군에게 감사해야 할 것이다.

학익진 전법은 말 그대로 학이 날개를 편 것과 같은 형태로 공격하는 전법인데 이순신 장군이 예전에 조선 수군이 즐겨 쓰던 정丁자 전법을 개량해서 만든 것이다.

거북선이 앞에서 진두지휘하면서 적군의 배가 있는 곳에 다다르면 그 뒤를 따라오던 판옥선이 학이 날개를 펴는 것처럼 넓게 펼치면서 적선을 에워싸 아군의 사정거리 안에 가두고 공격을 했다.

그렇게 하면 아군의 수가 적군의 수보다 적어도 능히 전투를 수행할 수 있었고, 또 이길 수 있었다.

이순신 장군이 고안하여 제작한 판옥선은 제자리에서 회전이 가능해(좌측 노와 우측 노를 반대로 저어서), 좌측에서 포를 쏘는 동안 우측에서 장전하고, 돌려서 우측에서 포를 쏘는 동안 좌측에서 장전하는 식으로 공격, 유리하게 전투를 할 수 있었다고 한다.

2. 전설의 유래

(1) 울돌목과 쇠사슬

우리나라의 남해와 서해에는 크고 작은 섬이 많다. 또 해변에는 암초가 많은 데다가 밀물과 썰물의 간조가 매우 크고, 난해하여 불규칙적인 해변의 조건인 물때, 즉 순류와 역류를 제대로 파악할 수 없었던 적으로서는 고전을 면치 못하게 되어 있다.

장군이 처음 전라좌수영으로 부임하여 왔을 때, 제일 먼저 한 일은 해변의 지형을 샅샅이 탐사하는 일이었다. 울돌목의 물살과 해변의 암초와 깎아 세운 듯한 절벽과, 배가 쉽게 닿을 수 있는 지형을 세밀하게 파악하였다. 그다음 임진년 1월부터 전쟁에 대한 만반의 준비를 시작했다. 먼저 거북선과 각종의 포와 울돌목에 설치할 쇠사슬을 제작하게 하였고, 또 해자垓子(성 밖에 못을 파서 적을 방지하는 연못)를 살피는 일도 직접 지휘하였다.

그런데 울돌목 쇠사슬은 임진란 때에 창안한 간접 무기로 승리에 승리를 거듭 거두는데 절대적인 역할을 했으나 이에 관한 자세한 기록이 별로 알려지지 않고 있다는 것이 매우 아쉽다. 그처럼 훌륭한 전법이 소홀히 다루어졌을 뿐만이 아니라 거의 전설로만 남아 희미해져가고 있다.

《난중일기》에는 돌을 쪼아 구멍을 뚫은 장소는 확실히 기록되어 있으나 이것을 설치한 곳은 여수 종포로만 기록되어 있고 다른 곳의 이름은 기록을 찾아 볼 수 없어 안타깝다. 다만 해남과 진도 사이 명량해전 때 걸었던 쇠사슬의 흔적은 지금으로부터 약 100년 전까지도 남아 있었다고 전하여지고 있다.

　앞서 거론한 바 있지만 울돌목이란 육지와 섬 사이, 또는 섬과 섬 사이에 흐르는 물길을 말한다. 서해와 남해는 조수 간만의 차가 심하여 썰물과 밀물이 좁은 목을 지날 때에는 그 빠른 물길의 중심부는 마치 팽이가 돌아가듯 하여 제아무리 큰 배라고 할 지라도 수장되기 십상이었다.

　그 물길 속에 쇠사슬을 걸어 두었다가 적선이 통과할 때면 한 쪽 쇠사슬을 감아올려 팽팽하게 당긴다. 그러면 급물살에 휩쓸려 가던 배가 그 곳에 걸려 침몰했던 것이다. 이러한 장치는 세계의 해전 그 어디에도 없었고, 역사 이래 한 번도 없었으니 오직 장군이 창안한 수중병법이라 할 것이다.

　장군은 울돌목 쇠사슬을 지키는 복병들에게 적선이 가까이 온다는 신호의 깃발을 올리면 즉시 쇠사슬을 감아올리라고 지시했다.

여수에 있는 진남관(국보 304호) 위치 : 여수시 군자동 472번지

진도의 녹진리와 해남의 명량 울돌목을 지키는 수병들은 그 명령에 목숨을 다하여 따랐다. 천혜의 물살과 장군의 지혜와 장군을 믿고 혼신을 다한 병사들이 모두 한몸같이 일사불란하게 싸웠던 것이다.

특히 이 병법으로 대승을 거두었던 것은 명량해전으로 1597년 9월 16일, 12척의 배로 적선 130척을 상대하여 31척이나 불태우고 70여 척을 수장하였다.

이 명량의 전투는 천번 만번을 되뇌어 칭송을 한다 해도 모자랄 것이다.

아쉬운 것은 여수 소포召浦(전남 여수시 종화동 종포)에서 거북선에 대포를 장착하여 포를 쏘는 연습을 하였다는 기록은 있으나 여수 돌산도突山島와 장군도將軍島 사이에 흐르는 울돌목 쇠사슬에 관한 기록은 없다. 그러나 전해져 내려오는 말에는 그곳에 쇠사슬을 걸었던 흔적이 8 · 15 해방 후까지도 남아 있었다고 한다. 그리고 그 섬

진남관의 옛모습을 재현한 광경

은 지금도 장군도라고 부르고 있는데, 일제시대에는 그 섬 전체에 벚꽃을 심어 그 흔적을 없애려고 하였다. 또 그 곳에는 장군도라고 새겨진 작은 비가 있었다고 하는데 지금은 어떻게 되었는지 알 수 없다.

이 외에도 전쟁의 흔적은 남쪽의 바닷가 마을이나 섬의 곳곳마다 남아 있을 것이나 지금은 관심 밖의 일로 밀려나 있다. 역사는 살아 있는 사람들에 대한 교육이라 하는 바, 다시 한번 생각하여 보아야 할 것이다.

지금도 해남군 현산면 신망리의 뒷산에는 당시 타다 남은 곡식이 더러 나온다고 한다. 당시 장군은 그곳 산 주변 여기저기에 위장한 곡식더미를 쌓아 놓고 그 위에 짚으로 이엉을 엮어 덮어두니 적은 그것을 보고 병사가 아직도 많이 있다고 믿어 감히 쳐들어오지 못 했다고 한다. 또 병사들이 숨어있는 골짜기 시냇물에는 석회를 풀 어 흘러가게 하니 적들은 그것이 모두 쌀뜨물이라고 생각하여 감히 넘보지 못하였다고 한다.

나는 오래 전에 명량해전 때에 사용했던 쇠사슬과 곡식 낟가리로 위장했던 돌무덤이며 목책의 흔적들을 보았다는 해남이 고향인 박 창상 옹을 만난 적이 있다. 그는 어릴 때부터 전해들은 많은 이야기 들을 들려 주었다. 장군의 활동이 얼마나 지혜롭고 신비로웠던지 신출귀몰하던 왜병들도 장군의 이름만 들어도 나타나지 못하고 숨 어버렸다고 한다. 이것만 보아도 장군의 위력이 얼마나 대단했는지 짐작할 수 있지 않느냐고 되물었다.

전설이란 사실에 그 뿌리가 있는 것일진대 지금이라도 이러한 사 실을 확인하고, 좀 더 널리 알려야 할 것이며 미래 후학들이 갖추어야 할 지덕智德의 수행이란 바로 훌륭한 선사의 실학적인 바탕에 근거한 좀더 적극적인 훈련이 아닐까 싶다.

장군이 남긴 위대한 유산인 거북선에 관한 기록도 적극적으로 찾아내어 정확히 복원하는 것도 중요한 일이지만 자라나는 새싹들의 공작시간에 거북선 만들기를 하는 것도 의미있는 시간이 되지 않을까?

장군의 일기도 지금까지 완벽하게 남아 있는 것은 아니다. 군데군데 빠져 있는 부분이 있어 아쉬움이 많다. 이렇게 무관심한다면 우리의 미래는 또다시 무슨 일을 당할 것인지……

임진왜란 당시 그 전투에 참가했던 69세의 일본의 늙은 병사 소도오카 진자에몬外岡甚左衛門이라는 자가 쓴 기록을 보면 거북선을 맹선盲船(눈먼 배)라고 하였다. 그런가 하면 영국 해군에서는 이 거북선을 세계 최초의 잠수함이라고 극찬하였다.

일본의 늙은 병사는 당시 우리의 무기에 대해서는 자세히 기록하였으나 결정적인 승리를 이루게 된 거북선과 쇠사슬에 관한 이야기는 언급하지 않았으니 그들의 입장에서 보면 백년대계가 아니라 천년 후를 바라보고 쓴 것이라는 생각이 든다. 그들은 전쟁이 끝난 지 200년 후에 임진란을 일본이 완전히 이긴 것으로 소설화하여 후대에게 알리고 있다. 그러니까 그들은 조선과의 전쟁에서는 자기들이 모두 이긴 것이니 자부심을 가져야 한다고 지금도 가르치고 있는 것이다.

우리가 거북선의 훌륭함을 이야기하면 그들은 '눈먼 배가 어떻게 전투를 했단 말인가?' 라고 하며 도리어 반문할 것이 아닌가 싶기도 하다. 마치 그들이 백 년 후 독도獨島가 자기들의 땅이라고 국제적으로 선전을 하듯이 명량해전에서 쇠사슬로 인해 완패하였던 수모를 숨기기 위해 쇠사슬에 관한 그 어떠한 것도 용납하지 않았던 것이다. 1592년에서부터 1597년 8월 원균이 패전하였을 때까지 맹렬하게 활동하였던 거북선에 대해서도 진가를 모르고 있는 우리는 참으로 한심하기 짝이 없다. 그러므로 우리는 지금부터라도 넓은 의미로 장군의 병법을 영구발전시키면 산업적으로나 공업적으로 또는 학술적인 의미의 관광코스로도 이용할 수 있을 것이라는 생각이 든다.

세계 최강국이라고 하는 미국도 월남 전쟁에서 무자비하게 당한 것은 원시적인 게릴라전 때문이라는 것을 잊어서는 안 될 것이다.

(2) 강강수월래

달밤에 아낙네들이 펼치는 강강수월래의 군무

지금 우리 민족 중에 '강강수월래強羌水越來' 라는 말의 뜻을 알고 있는 사람이 얼마나 될까? 아마 정확히 아는 사람보다 모르는 사람이 더 많은 것이라는 생각이다.

강강수월래는 임진왜란 당시에 이순신 장군이 창안한 놀이처럼 보이게 한 고도의 심리교란작전이었다.

그러니까 직접 싸우지 않고 적의 판단력을 흐리게 하고 위축되게 하는 기상천외한 게릴라 병법이었다. 이러한 작전에 참여하는 사람들은 병사들이 아닌 민간인으로, 당시 미처 피난을 가지 못한 노약

자나 농민과 아낙네들이었다. 이들은 낮에는 농사를 짓고, 밤이 되면 횃불을 들고 이 산에서 저 산으로 산언덕을 돌게 하여, 군수품을 실어 나르는 것처럼 위장했다. 또 어느 날은 꽹과리와 북을 치며 소리매김을 하여 사기를 북돋우었는데, 그 내용은 다음과 같았다.

> 하늘에는 별도 많고
> 이 땅에는 백성도 많다
> 강강수월래
>
> 왜까마귀 떼들은
> 도리깨로 타작하고
> 강강수월래
>
> 이 산 저 산 금수강산
> 살기 좋은 나라로다
> 강강수월래

이 노래 가사는 일일이 기록할 수 없을 만큼 길게 이어진다.

첫소리 매김은 혼자서 하고, 후렴은 참가자가 일제히 소리 높여 다 같이 부르는데 멀리서 듣노라면 그 음률이 단아하고 힘차 천지가 진동하니 그 소리를 듣는 적들은 오금을 펴지 못했다. 또 막상 이 노래를 부르는 사람들은 부르면 부를 수록 힘이 솟아 지칠 줄 모르고 용감해지니 오히려 장군에게 감사하게 되어 그 마음가짐이 직접 전투에 참여하는 병사와 다름이 없었다고 전한다.

한편 장군은 둔전屯田(군량미를 마련하기 위한 논이나 밭)을 일구어 농민들의 능력에 따라 수확물을 분배했다. 또 도자기와 옹기를 구워서 팔기도 하고, 바다에 나가 미역이나 조개 또는 고기를 잡아 병사들의 부식으로 쓰기도 했다. 때로는 그것을 팔아서 모자라는 군수품을 충당하는가 하면, 소금을 만들어 팔기도 하였다. 이렇게 조정과 명나라 병사들까지 돌보는 데에 정성을 다하니 그 사실이 명나라 황제에까지 알려지게 되었던 것이다.

그토록 혼신을 다하여 빈틈없는 전쟁을 하는데 조정의 간신배들은 장군을 끊임없이 괴롭히다 못해 죽음의 지경에까지 몰고 갔다. 그러나 장군은 단 한마디의 원망도 하지 않았으며 다만 하늘을 우러러

"어머니께 가까이 가서 못다 한 보양이나 올리고 싶다."
하셨으니, 그 괴로운 심정은 오죽했으랴! 그럼에도 그러한 괴로움을 조금도 내색하지 않았으니 참으로 장군 중의 으뜸가는 장군이요, 세계의 역사 이래 찾아 볼 수 없는 인물 중의 인물이었다.

장군에 대해서는 우리보다 중국이나 영국과 일본 등에서 더 잘 알려져 있다고 한다. 그들의 해군사관학교에서는 이순신 장군의 인성에서부터 해전의 병법과 무기 등을 연구 분석하여 교육한다.

지금이 어느 때인데 케케묵은 400년 전의 일을 말하느냐고 한다면 그 사람은 일회용 용구와 같은 사람이라고 해도 지나친 말이 아닐 것이다.

우리는 우리의 위대하고 훌륭한 역사를 너무나 소홀히 다뤄 왔기에 잃은 것이 너무나 많다. 진정한 교육은 지나간 역사를 정밀 분석하여 잘못은 다시 되풀이 하지 않도록 하는 것이 바로 미래를 위한

교육이 아니던가.

장군의 인성이나 병법을 연구하는 것은 오늘 날 공업과 산업, 또는 상업과 농업, 그리고 교육과 예술에 이르기까지 참고로 할 수 있기 때문이다. 그리고 나라마다 자국의 보물을 지키기 위해 혈안이 되어 있지 않은가. 우리는 우리의 것을 온전하게 지키기 위해 반드시 치밀한 교육이 있어야 한다.

당시 게릴라 전법이었던 강강수월래가 지금 민속 원무로 남게 된 것은 장군이 전사한 다음 장군을 추모하는 뜻으로 해마다 추석날이면 마을 아낙들이 모여 추모 공연하였던 것이 놀이로 변하여 이어져온 것이다. 그러니까 처음 게릴라 병법이 민속무로 지금은 예술성을 발휘하고 있으니 그나마 다행이고 자랑스럽다.

(3) 쌀뜨물과 석회

'쌀뜨물과 석회石灰가루로 적을 물리쳤다.' 라는 사실은 전설처럼 전하여지고 있다. 이 작전도 장군의 기발한 지혜에서 비롯했다.

1597년 7월 17일 원균이 패전한 다음, 장군은 8월 3일에 선조의 교지를 받고 8월 18일에 회령포에서 남은 전선 12척을 인수받았다. 그러나 병사들을 훈련시키려 해도 약간의 초라한 패잔병들 뿐. 화살도, 대포도, 군량미도 없는 빈 손이

활터 : 한산도에 있는 활을 쏘던 터

었다. 그래도 오직 나라를 구하려는 일념에서 장군이 나서니 그 소식을 듣고 백성들이 저마다 자발적으로 모여들기 시작하였다.

이후 9월 16일, 명량해전에서 장군이 이끄는 배 12척에게 적선 130여척 중 31척은 불에 타고, 약 70척은 깨어진 채로 울돌목에 수장되니, 남은 배는 도망가는데 급급하였다. 그러면서도 왜적은 호시탐탐 보복하기 위해 장군의 주변에 정탐꾼을 지뢰밭처럼 깔아놓고 살폈다. 그러나 이를 모르고 있는 장군이 아니었다. 그래서 장군 역시 정탐꾼을 내세워 적들의 동태를 면밀히 살폈다. 한편 장군은 강의 상류에서 쌀 뜨물처럼 보이게 석회가루를 풀어 흘러내리게 했다. 그리고 병사들에게 먹일 떡을 만들고 있다고 소문을 냈다. 적의 정탐꾼들은 그토록 많은 쌀을 며칠동안 계속해서 씻는 것을 보고 놀랐다. 그런데 열흘이 가고 보름이 가고 한달이 가도 여전히 쌀뜨물이 흐르니 군사가 정말로 많이 매복 주둔하고 있다고 생각하고 작전을 바꾸어 명나라 장수들과 가까이 하면서 선물 공세를 하기 시작하였다.

한편, 장군은 요지부동의 자세로 적군의 동태를 살피는데 조금도 소홀함이 없었다.

적장 고니시유기나가小西行長의 부하 요시라要時羅는 장군이 백의를 입는데 절대적인 역할을 한 3중 스파이였다. 그는 조선 조정의 간신배와 내통하면서 그에게 명나라의 정보를 주고, 또 우리 조정의 정보는 명나라와 일본에 흘리고 다녔다. 그런데도 조정에서는 그에게 상금을 내리는 웃지못할 촌극이 벌어졌으니 이 얼마나 황당한 일이었던가.

세상에는 항상 빛과 그림자가 있는 법이어서 충신이 있는가 하면 간신배도 있기 마련이다. 나라가 위기에 처해 있는데도 장군을 죽음에까지 이르게 하였던 것은 나라의 수치였다. 아무리 지난 일이라고 하지만 지금 생각해도 안타깝기 그지없다.

장기간 쌀뜨물 대신 석회를 풀어 흘려보냈던 일은 장군이 전사한 다음 장군을 추모하며 타루비墮淚碑를 세운 군사들의 입을 통해 널리 알려지게 되었다고 전한다.

(4) 군풍선어軍風船魚 · 群風船魚

임진란이 발발하니 장군은 배를 타고 바다 위에서 숙박하는 일이 많았다. 전투가 끝났다 하여도 물길이 순조롭지 않으면 그대로 바다에 떠 있을 수밖에 없었다. 여기저기 순찰을 돌다보면 며칠씩 배에서 잠을 자야 하는데 흔들리는 배에서 견딜 수가 없어서 잠을 못 이루는 때가 많았다.

그런데 어느 날, 전투를 치르고 그 날도 부두에 배를 댈 수가 없어서 그대로 배에서 지내기로 하였다. 늦은 시간까지 잠을 이루지 못하다가 잠깐 잠이 든 사이 비몽사몽간에 뱃전을 두들기는 소리가 났다. 파도소리도 아니고, 북소리도 아닌 이상한 소리가 배의 주변 물살을 가르며 들리므로 뱃전 가까이 가서 주변을 살펴보았다. 그랬더니 생전 보지도 들

장군과 생사를 같이 했던 병사들이 세운 비

지도 못한 고기 떼가 몰려와 뱃전을 두드리는 것이 아닌가.

고기떼는 장군을 바라보는 듯하더니 한 무리가 되어 뱃길을 안내하듯 질서정연하게 앞장서 가는 것이었다. 이상하게 생각한 장군이 고기떼를 뒤따라가니 수평선 저 멀리에서 왜군의 선박이 줄지어 오고 있는 것이었다. 장군은 곧바로 전투준비를 하고 출동하여 크게 승리를 거두었다.

그 후에도 그 고기 떼는 종종 나타나서 장군을 인도했고 그 때마다 위기를 모면하게 할 뿐만이 아니라 적군의 공격방향을 정확하게 맞추어 주어 승리할 수 있었다고 전하여지고 있다.

장군은 그 고기의 이름을 알고자 여러 사람들에게 물어 보았으나 모두가 모른다고 했다. 장군은 생각 끝에 보은의 뜻으로 이름을 지어 주기로 하고 군사 군軍 자에 바람 풍風과 배 선船을 써 군풍선어軍風船魚라 하였다고 한다. 어떤 사람들은 군사 군軍자가 아니고 무리 군群이라고도 하는데, 아무튼 그 고기들이 장군을 따라 전투에 참가하여 한 역할을 착실히 했기 때문에 무리 군群이던 군사 군軍이던 모두 합당하지 않았을까 생각해 본다.

이 군풍선어는 여수 근해에서만 나오는 고기인데 방언으로는 '군풍생이'라고 한다. 생김새는 도미 비슷하나 회색과 검은 빛깔이 약간 섞여 있고, 맛이 매우 뛰어나 소금구이나 또는 양념장을 발라 구우면 그 맛이 천하일품이라하여, 연인이나 샛서방님에게만 준다고 하는 우스개 소리도 있다.

그 지방에서는 고집불통인 사람을 비유해 '군풍생이 뼈다구는 맛이나 있지'라고 한다. 그만큼 그 뼈가 세고 맛이 별다르기 때문에 비유하여 쓴 말이다. 군풍선어의 전설이 지금까지 끈질기게 전해져 내려 온 것으로 미루어 볼 때 깊은 내력이 반드시 있을 것으로 보이나 그것을 확인할 수는 없고, 다만 그 특이한 이름이나마 400년이 지난 지금까지 전해져 온 것은 현실의 각박함보다 장군이 남기신 보은의 교훈의 뜻을 기리고자하는 마음 때문이 아닌가 싶다.

(5) 학익진鶴翼陣과 합죽선

임진왜란과 학익진과 이순신 장군은 불가분의 관계로 전설로 굳어져 전해져 내려왔다. 그리고 이같은 전설은 우리의 역사가 지속되고 있는 한 끊임없이 이어져 내려갈 것이다. 그러나 전설이 아닌 사실로 좀 더 확실하게 다루어져야 할 것이라는 생각이다.

우리와 일본이라는 나라는 가까우면서도 먼 나라로 관계를 이어왔다. 그들은 우리와의 관계에서 우월을 증명하기 위하여 역사를 조작하고 있으니 우리로서는 정신을 차리지 않으면 안 된다. 근래

학익진의 전도

에 일어난 독도문제와 같은 치졸하고 비열한 억지를 부리는 것이 어제 오늘의 일이 아니다. 그들의 거북선에 대한 기록을 살펴보자.

"7월 10일 진시辰時(오전 8시)부터 적의 대선 58척과 소선 50척 가량이 공격해왔다. 대선 중의 3척은 맹선盲船(눈먼 배), 즉 거북선 이었는데 석화시石火矢 · 오가리마따大狩候 · 봉화시棒火矢 등을 쏘면서 유시酉時(오후 6시 경)까지 번갈아 달려들었다. 그리하여 배의 다락, 복도, 테두리 밑의 방패에 이르기까지 모두 격파되고 말았다. 석화시라고 하는 것은 길이가 5척 6촌의 견목堅木이며……."

이상의 기록에서 다른 무기는 자세히 기록하고 있는데 유독 우리의 자랑스러운 거북선을 맹선盲船이라고 기록하였고, 그 활약상도 언급하지 않았다.

그들이 맹선이라고 하는 거북선은 대대적인 전투에서 언제나 앞장섰던 돌격선이었다. 특히 한산대첩과 안골포 전투에서 거북선의 활약은 실로 눈부신 것이었다.

여러 기록을 살펴보면 거북선은 학익진의 맨 앞 선봉에서 돌격하였으며 그 활약상이 눈부셨다. 장군의 공격 명령이 떨어지면 곧 출동하여 왜선의 뒤를 에워싸듯이 따라가다가 돌격이 시작되면 학익진의 날개를 펴 재빠르게 적선을 에워싸 포위했다. 그리고 적선과 가까워지면 일시에 활과 포를 쏘아댔다.

이 때 거북선은 왜군의 선봉장이 탄 층루선層樓船의 옆구리나 뱃머리를 들이 박고, 용머리 입에서는 현자포玄字砲를 쏘아 대니 적은 일시에 무너지면서 자기들끼리 충돌하여 깨어지고 부서지기도 했다. 또 다급해진 왜군의 병졸들은 바다로 뛰어들거나 남은 배를 버리고 육지로 도망가니, 기세가 오른 장군의 병사들은 뒤따라가 배를 모두 불질러버렸다.

　이렇게 해전의 역사상 세계에 그 유래가 없는 전과를 올리게 된 데는 거북선의 절대적인 활약이 있었다. 그런데도 일본의 노병 소토오가는 거북선을 눈 먼 배라고 하였으니, 한마디로 가당치도 않은 간교한 수작이 아닐 수가 없다.

　임진란 중에 해전에서는 단 한 번도 이겨보지 못한 그들이 200여 년 후에는 이 전쟁에서 완전히 승리하였다고 소설로 남기고, 지금은 그것을 정식 기록처럼 자랑하여 가르치고 있다. 그들은 언제나 매사에 이런 식으로 교묘하게 마치 숨은 그림찾기와 같은 술수를 써왔다. 지금까지 일본은 거북선의 흔적을 없애기 위해 가진 수단을 쓰고 있는데 그 400여년간 우리 나라에서는 무엇을 했는지 통탄할 일이 아닐 수 없다.

　이제 우리는 더 이상 그들에게 당하고 있을 수만은 없다. 때문에 그들을 능가할 수 있는 교육으로 정신무장을 단단히 해야 할 것이며, 그들의 속셈을 간파하는 안목을 길러야 한다.

　교묘한 계책으로 세계를 속일 수 있다고 생각하는 저들이야말로 눈먼 장님이 아닌가 싶다.

　속는 것도, 속이는 것도 한계가 있는 법이다. 우리는 너무나 많은 것을 잃어

한산섬 백동백

왔다. 일제 35년간의 수탈 외에도 정신문화의 피폐는 물론이고 각종 문화재의 강탈, 전쟁 위안부, 독도 등 이루다 헤아릴 수 없이 많은 피해를 받았다. 이미 세계가 다 알고 있는 일임에도 그들은 이렇게 말하고 있다.

‘일본과 관련된 문제는 일본인인 우리가 알아서 할 것이니 간섭하지 말라.’ 그러면서 그들은 세계를 장악하려 한다.

그들의 이러한 논리로 눈 하나 깜짝하지 않고 비양심을 양심이라고 우기고 있다.

지금도 우리는 일제 강점 35년 동안의 후유증을 앓고 있지 않은가. 그들은 우리를 지배하면서 우리를 왜소화시키고자 조선을 〈반도인〉이라 부르며 우리의 자존심을 격하시켰다. 그러나 어찌 우리가 한낱 반도인이란 말인가? 일찍이 고구려와 백제시대에는 광활한 중국땅과 남지나까지도 정복하며 위세를 떨쳤던 당당한 대륙인이다. 그런데 이 말을 젊은이들은 물론이고 지식인들까지도 서슴없이 쓰고 있다. 게다가 최근에는 중국에서도 동북공정이란 역사 찬탈 정책으로 우리 민족의 옛 땅인 고구려와 발해의 유물 등 우리의 정신적 터전을 강탈하려고 하지 않는가!

우리는 결코 반도인이 아닐진데 어찌하여 일본인들의 의도대로 따라가고 있는지……. 옛말에 ‘천 인이 천 말을 하면 천 말대로 되고, 만 인이 만 말을 하면 만 말대로 된다.’ 라는 말이 있다. 이 말의 숨은 뜻을 생각해 본다. 우리 조상은 대륙에 뿌리를 틀고 있었던 훌륭한 민족이었음을 알아야 한다.

비록 밀리고 밀려 반도에 산다 하여 꿈도 희망도 반도에 그칠 것인가. 사람의 마음은 우주보다 크다고 하는데 그들이 묶어놓은 울

타리 안에서 벗어나
지 못한다면 어찌 앞
서 갈 수 있겠는가!
　이순신 장군의 나
라를 위한 애국심과
민족에 대한 큰 사랑
이 없었다면 풍전등

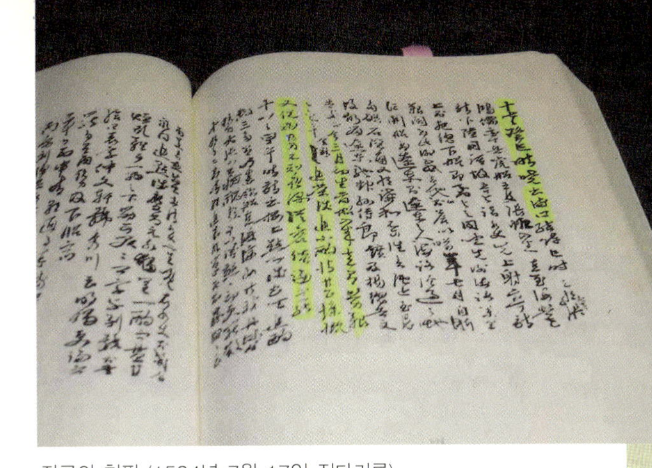

장군의 친필 (1584년 7월 17일 진다기록)

화와 같이 깜빡거리는 국가의 위기에 맞서는 그 엄청나고 거대한
용기가 가능했을까?

　장군의 업적을 기념하는 정도로만 그친다면 아무런 의미가 없다.

　장군에 관한 여러 가지 전설 중에 학익진법은 꿈에 신선의 계시
를 받았다 하기도 하고, 유성룡이가 보내준 병서兵書를 참고하였다
고도 한다.

　이 학익진의 배치 형태는 초승달 같기도 하고 합죽선 같기도 하
나 그 원리는 태극의 움직임이다. 합죽선은 그 뼈대가 대나무이다.
대나무는 절개와 지조를 상징하고, 12마디는 1년 12달 내내 한결같
이 변하지 않는다는 것을 상징한다. 또 활짝 펴면 시원한 학익진이
요, 접으면 한 일자로 되어 선비의 간단한 호신용 무기가 되기도 한
다. 때문에 비단 여름만이 아니고 사철 어느때나 선비들이 갖추어
야 하는 필수품으로 문방사우와 같은 사랑을 받아왔다.

　이순신 장군 역시 이러한 이유로 합죽선을 애호하였다고 한다. 장
군은 역시 격조 높은 품위로 문무文武를 아우르는 덕장德將이었다.

3. 장군의 명상다법

(1) 다도茶道

행다를 시작하기 전과 끝난 후에는 잠시 명상을 한다.

1) 찻자리 준비

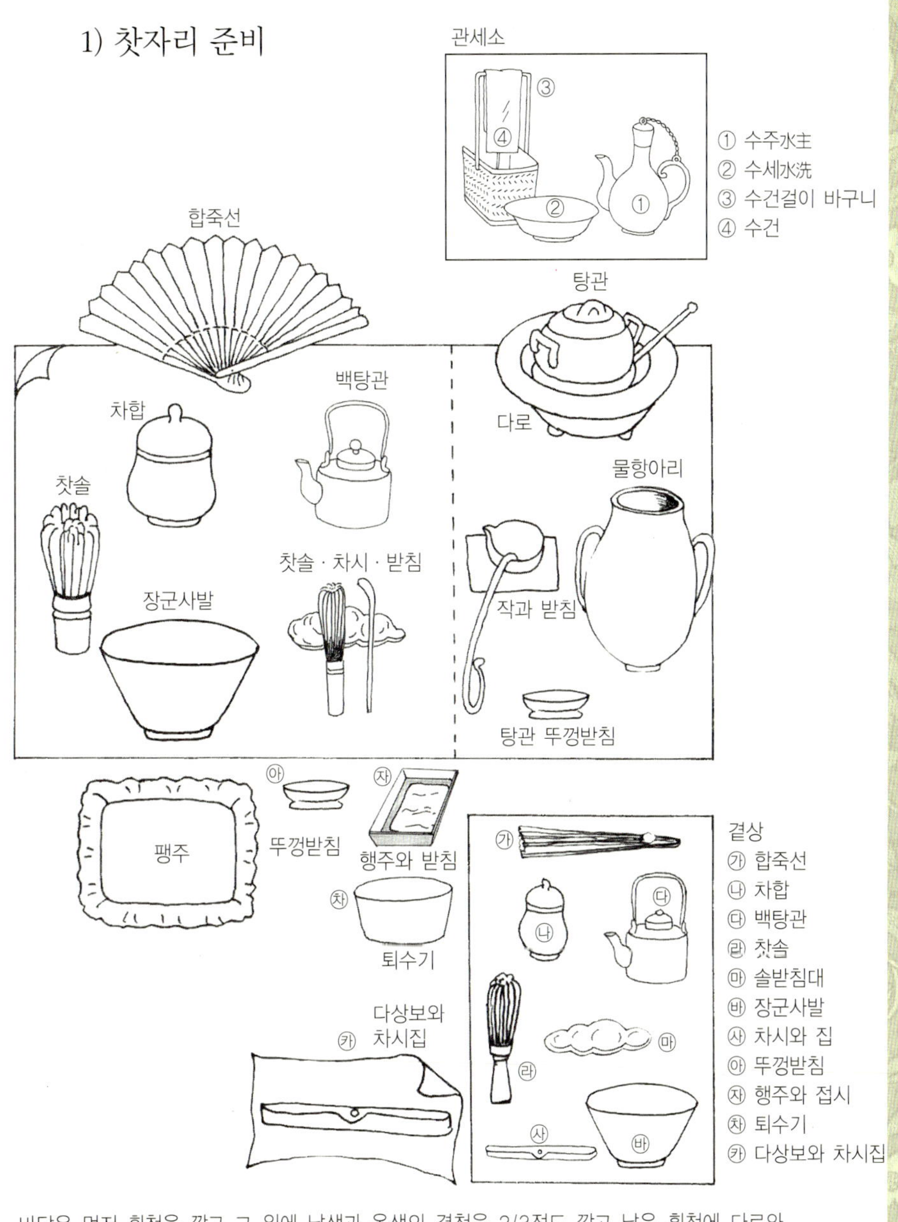

바닥은 먼저 흰천을 깔고 그 위에 남색과 옥색의 겹천을 2/3정도 깔고 남은 흰천에 다로와
물항아리 등을 놓는다.
겉상에서 옮길 때는 ㉮㉯㉰㉱㉲㉳㉴의 순으로 옮겨 놓고 거둘 때는 ㉴㉳㉲㉱㉰㉯㉮순으로 옮
겨 놓는다.

장군다도 행다법 재연 모습(행다의 순서)

15	 16	 17	 18
 19	 20	 21	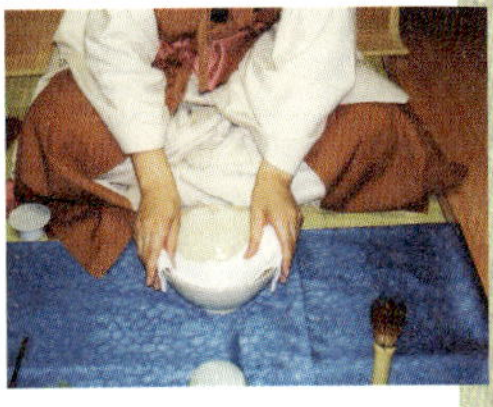 22
 23	 24	 25	 26

※ 사진설명은 뒷쪽 참조

27

앞쪽의 사진 설명

1. 마루에 올라와서 차실을 들어가기 전에 들고 온 합죽선을 왼쪽 옆구리에 꽂은 후 관세를 하고, 배치해 둔 수건으로 손을 닦는다. 관세는 시자가 도와준다. 합죽선을 들고 찻자리로 간다.

2. 가부좌를 하고 앉아 합죽선을 곁상에 놓는다.

3. 정좌 후 잠시 명상을 한다. 끝나면 목례를 한 후,

4. 큰상과 곁상의 상보를 차례로 걷는다.

5. 합죽선을 펴서 상의 제일 윗자리에 놓는다.

6. 차호를 놓는다.

7. 백탕기를 놓는다.

8. 차시 받침을 놓는다.

9. 차시집에서 차시를 꺼내 놓는다.

10. 찻솔이 담긴 큰 찻사발을 가져다 놓는다.

11. 솥뚜껑을 연 후, 뜨거운 물을 3번 떠서 사발을 헹구어 낸다. 헹굴 때 차선도 같이 헹구고, 헹군 후 차선을 왼쪽에 세워둔다.

12. 찻사발을 들어 헹구어 낸 후 행주로 닦는다.

13. 백탕기에 탕을 부어 놓는다.

14. 차호를 가져와서 차를 넣는다.

15. 찻사발에 차의 양을 분간하여 탕수를 붓되 단 한번에 부어 일발점으로 맞추어야 한다. 이것은 홀로 마시는 유차이기 때문에 그러하다. 다음 왼쪽에 있는 차선은 왼손으로 가져와 오른손으로 바꾸어 잡은 다음,

16. 천·지·인을 그려 점다하는데 약 50초를 기본으로 젓는다. (일인분의 양이면 50초를 초과하지 말것)

17. 젓기가 끝나면 차의 거품이 소복히 곱게 쌓이도록 차선을 중심으로 몰아 끌어올리듯이 하면 찻사발에 차거품이 소복히 쌓여 가루차의 극치를 이루게 된다. 찻솔은 오른쪽 차시와 나란히 놓아둔다.

18. 조용히 5초 동안 명상을 한 후 차는 천천히 세 번으로 나누어 마신다.

19. 빈사발에 백탕을 한 두 모금 쯤 부어 천천히 헹구어 세 번으로 나누어 마신다.(입 안에 남은 오묘한 청향을 음미하는 순간이다.)

20. 찻솔을 빈사발에 넣고 물을 부어 사발을 헹군다.

21. 헹구어낸 사발은 행주로 격식대로 닦는다. 찻솔을 찻사발에 넣는다.

22. 다기를 모두 곁상으로 옮긴다. 옮기는 순서는 놓을 때와는 반대로 ㉺㉰㉯㉮㉭㉬㉫의 순이다. 이것이 바로 질서를 지키는 행다법이다.

23. 물항아리에서 물을 떠 솥에 물을 덜어 쓴 만큼 채워 놓는다.

24. 물항아리 뚜껑을 덮은 다음 솥뚜껑을 덮는다.

25. 먼저 곁상의 상보를 덮고 다음 큰상의 상보를 덮는다.

(2) 접빈다례接賓茶禮

다례와 차례는 같은 뜻으로, 한자로도 같은 글자인 〈茶禮〉로 쓴다. 고려 때부터 관혼상제冠婚喪祭의 의식 행위를 이렇게 불렀다.

차와 예절은 불가분의 관계로 이어져 우리의 문화로 자리 잡아 왔다. 지금까지 이런 모든 차례의 진행은 남자들만의 권리로 인식하여 남자들이 그 주도권을 잡아왔으며 여자들은 음식을 장만하는 일만 했던 것이다.

• 수인국서폐의 · 연인국사의受隣國書幣義 · 宴隣國使儀

조선시대의 외교활동은 사대교린事大交隣의 원칙에 따라 행해졌다. 동아시아 초강대국인 중국과의 의전관계는 '영칙의迎勅儀'라는 의례에 따라 중국 중심의 의전으로 행해진 반면 일본, 여진, 유구(현 오끼나와) 등 인접국 사신을 접견할 때에는 '수인국서폐의'라는 보다 간소한 의전을 따랐다.

수인국서폐의는 일본, 유구국과 같은 주변국의 왕이 보낸 사자使者로부터 국서와 폐백을 받는 의식으로 주고 경복궁 근정전이나 창덕궁의 인정전 등 궁궐의 정전에서 의식이 행해졌다.

연인국사의는 서폐의書幣儀를 마친 후 사신들에게 잔치를 내려주는 의식으로 왕세자나 예조에서 대신하는 경우도 있었다.

접빈례법接賓禮法은 고려에서는 진다의식이라 하였고, 조선시대에는 차례의식이라고 하였다. 조선의 조정에서는 손님맞이의 크고 작은 의식을 총칭 접빈진다례接賓進茶禮라 하였다.

이순신 장군은 명나라 장수와의 첫 대면에서 진다하였던 것을 참고로 '군빈진다례軍賓進茶禮'를 제정하여 행하였다. 장군이 기록한 일기에도 '무관의 예법에는 공사례公私禮가 있다.' 하였는데, 이 말은 무관들이 처음 만날 때는 반드시 공식적인 의식을 먼저하고 그 다음 사적인 자리를 마련하여 인사하는 것을 말한다.

그리고 제독 이상의 지위를 가진 사람이 외국을 방문하게 되면 반드시 사열식이 있었을 것이나 여기에서는 진다의식만을 현대와 절충하여 설명한다.

접빈다례의 배치도(그림 설명 – 뒷쪽)

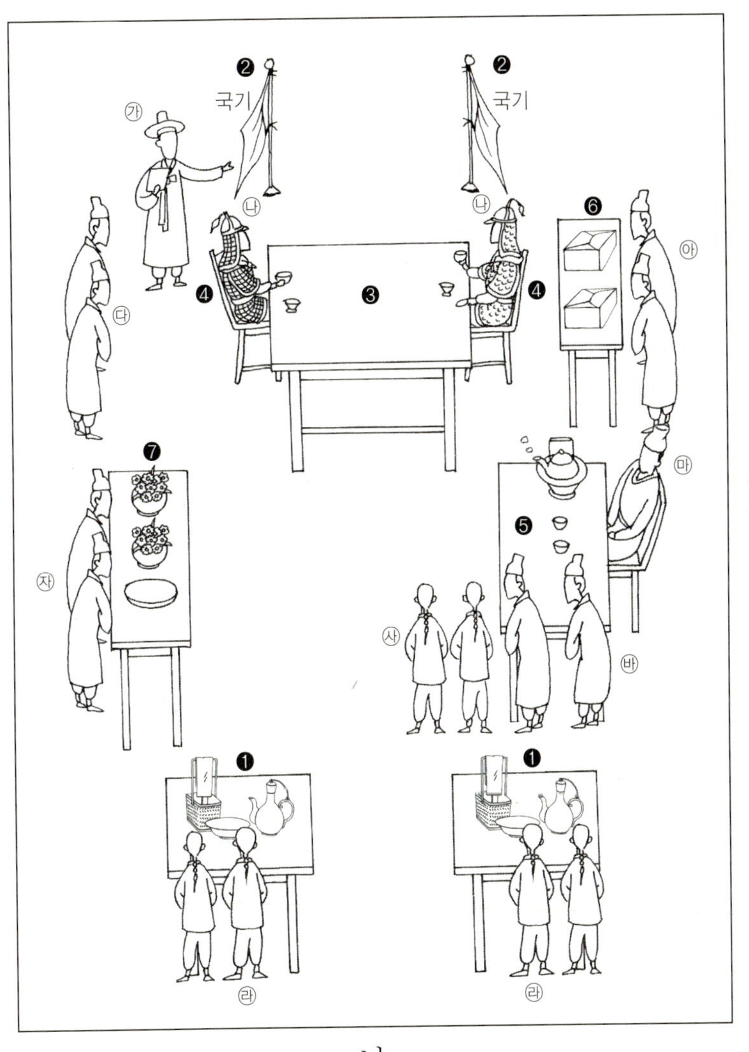

1) 도구배치

❶ 관세소盥洗所에는 관세기구盥洗器具 배치

❷ 국기國旗(양 나라의 국기, 북쪽에 배치한다. 옛날 북쪽은 신의 자리로 높이 받든다는 상징적인

　자리이다.)

❸ 중앙 큰 탁자

❹ 의자椅子

❺ 다정茶亭(다소茶所) 탁자

❻ 선물 탁자膳物卓子

❼ 꽃 탁자 (꽃다발 2개)

2) 진행자

㉮ 통찬례通贊禮 : 사회자 1명

㉯ 빈賓과 주인主人 2명

㉰ 영접례자迎接禮者 : 주빈 안내자 2명

㉱ 관세자盥洗者(두 곳) : 2명과 도우미 2명

㉲ 팽주烹主와 시자 2명

㉳ 제조提調 : 차를 나르며 다관을 받드는 자 2명

㉴ 제조 시자提調侍者 : 2명

㉵ 전의典儀 : 선물 증정자 2명

㉶ 근시近侍 : 꽃을 증정하는 자 2명

사신을 예로서 맞이하는 그림

3) 접빈의식 진행

식장 준비가 끝나면 손님을 맞이할 준비를 한다. 손님과 주인이 영빈관 앞에 나란히 이르면 시작한다.

통찬례通贊禮 : "영접례迎接禮는 빈賓과 주인主人을 모시고 입장하시오!" 하면 영접례자는 두 빈주賓主를 모시고 입장한다. 주인과 빈의 것으로 관세소는 두 곳에 각각 설치해 둔다. 영접례는 관세자盥洗者가 손을 씻도록 물을 따르고, 손을 씻고 나면 시자는 수건을 건네준다. 손을 닦고 나면 빈과 주인을 각각 제자리에 안내한다. 이때 빈을 모신 영접례자는 동쪽을, 주인을 모신 영빈례자는 서쪽으로 안내하되 두 빈주가 북쪽을 향하도록 하고 안내한다.

통찬례 — "빈과 주인은(현대는 양국의 국기를 세워둔다) 국기를 향해 국궁 재배!" 라고 하면 두 빈주는 나란히 엄숙하게 절을 2배 한다. 옛날에는 북쪽이 왕의 자리로 상징적인 의미가 있었다.

통찬례 — "바로 하시오!" 하면 국기에 향한 재배를 마치고 영접례자는 두 빈주가 다시 서로 마주 보고 서게 한다.

통찬례 — "지금부터 상견례로 서로 절을 하시오!" 하면 영접례자는 물러가고, 빈과 주인은 서로 맞절을 한다. 이때 서로가 무관일 때는 허리를 약간 굽힌 자세로 왼손은 칼을 잡고 오른손은 가슴 높이로 굽힌 자세로 절을 한 다음 고개를 들어 서로 목례를 한다.

통찬례 — "빈주는 정좌하시오!" 하면 영접례자는 각각 자리로 안내하여 의자에 앉도록 안내한 다음 물러난다. 한편, 그동안 다소에서는 차를 끓여 진다의 준비를 완료해 둔다.

통찬례 — "제조자는 차를 올리시오!" 하면 제조자는 다병茶瓶을 들고 시자侍者는 다반에 다식과 찻잔을 받들고 천천히 나아간다. 그러면 영접례자는 각기 빈주의 옆으로 나와 시자가 들고 있는 다반에서 다식을 각각 빈과 주인의 오른쪽에 놓는다. 그리고 제조자가 다반에 놓여 있는 찻잔에 차를 따르면 영접례자는 따라놓은 찻잔을 빈주의 왼쪽으로 놓는다. 이때 제조자와 시자는 퇴장한다. 차 마시기를 마치면 시자는 다반을 들고와 다식과 빈 찻잔을 거두어 들어간다.

다음은 선물을 교환하는 순서이다.

서로 교환할 선물을 동쪽의 탁자에 둔다. 또 서남쪽에는 화탁花卓에 꽃과 꽃을 담은 쟁반을 준비해 둔다.

통차례 — "전의는 선물을 준비하시오!" 하면 빈賓이 준비한 선물을 먼저 주인主人 앞에 놓는데, 이 때 선물을 가져간 근시자는 반 무릎을 꿇은 자세로 주인 앞에 있는 탁자 위에 놓는다. 그러면 주인은 선물 위에 손을 잠깐 올렸다가 뗀다. 다음은 주인이 준비한 선물을 빈 앞에서 같은 자세로 탁자 위에 놓으면 손님 역시 선물에 잠깐 손을 대었다가 뗀다. 그 후 감사의 표시를 한다. 선물은 탁자 위에 그대로 둔다.

통찬례 — "근시자는 꽃다발을 증정하시오!" 하면 두 사람의 시
자가 꽃을 들고 앞으로 나간다. 이를 근시자가 받아 빈주에게 바치
면 서로 감사하다는 간단한 인사말을 주고 받은 후 영접례자에게
넘겨준다.

통찬례 — "오늘의 상견례를 이것으로 마치겠습니다." 하면 빈주
는 진찬의 자리로 옮긴다.(이상은 공식다례의식을 끝내고나면 곧 사석으로
옮겨 담화를 나누며 술잔을 기울이기도 하는데 이를 공사례公私禮라고 한다)

요삼채

(3) 다예茶藝

   장군의 다예란 장군의 업적 중에 가장 치열했고 영광스러웠으며 세계사에서도 빛나는 학익진법을 예술적으로 표현한 의식이다.

   본시 학익진법이란 넓은 바다에서 싸워 승리한 전법이지만 이러한 것을 표현할 수 있는 무대는 큰 운동장에서부터 작은 무대까지 그 규모에 따라 자유로이 선택할 수 있다. 장군의 일생을 묘사할 수도 있고 업적만을 묘사할 수도 있지 않을까?

   국가적인 큰 행사에서는 매스게임으로, 무대에서는 오페라나 뮤지컬로도 가능하며, 우리의 민속무용으로도 얼마든지 가능하다.

   치열한 전투 전야의 분위기를 상징하는 진중한 음악으로 그 효과를 나타내면 좋을 것이다. 강강수월래의 원무도 알고 보면 임진란 때에 장군이 작전상 군사의 수가 많다는 것을 일본군에게 알리기 위해 임시방편으로 쓴 일종의 게릴라전법이었다. 그것을 지금은 민속의 원무로 예술화한 것이다.

   다예의 범주는 실로 깊고 넓고 높으니 그 끝이 없다. 그런데 장군다례로 인해 차의 깊이가 더욱 오묘해졌으니 다인의 기쁨만이 아니라 우리 민족의 영광이라 할 것이다. 장군이 전투에서 펼쳤던 기상천외奇象天外의 게릴라 전법 등은 모두 훌륭한 예술작품으로 얼마든지 승화시킬 수 있다는 것이다.

승리의 노래
- 매기는 소리

(선창) ① 쪽빛에 숨겨진 암초는

울돌목 간조밭에 솟는 물살이다

(후창) 강강수월래强羌水越來

② 옥포 당포 전투엔

산산이 부서진 적선을 불태운다

(후창) 강강수월래

③ 한산대첩 넓은 바다

학익진 투망에 요리조리 걸린 왜선

(후창) 강강수월래

④ 거북선 판옥선이 앞장서

돌격하니 와루루 무너지는 왜선이다

(후창) 강강수월래

⑤ 천자포 현자포에

호준포에 황자포다

(후창) 강강수월래

⑥ 쓸어버린 그물망은 천하에 둘도 없는

원, 방, 각의 기하학 투망이다
(후창) 강강수월래

⑦ 주름잡는 바다에는
휘모리 달이 뜬다
(후창) 강강수월래

⑧ 햇불 든 백성이
이 산 저 산 뛰고 뛴다
(후창) 강강수월래

⑨ 봉화봉에 구름연기 승천하니
승리는 우리의 것
(후창) 강강수월래

⑩ 오천 년 역사에 넓고 넓은 우리네 땅
찾고 또 찾아서 우리가 지킬레라
(후창) 강강수월래

⑪ 백두의 배꼽은 천지에 있으니
잃었던 땅 백두머리 찾아가자
(후창) 강강수월래

⑫ 줄기줄기 엮어온 우리의 자취는

역사로 이어온 단군의 자손이다
(후창) 강강수월래

⑬ 남해바다 누빈 용이 오대양을 누비며
여의주를 물었구나
(후창) 강강수월래

⑭ 구비구비 많은 사연
끊질기게 이어왔다
(후창) 강강수월래

⑮ 만세 만세 만만세로
나라 있고 백성 있어 영원토록 만세로다
(후창) 강강수월래

주 : 무용이나 매스게임, 또는 오페라나 뮤지컬 등 규모는 30명 정도에서부터
3,000명 이상도 가능할 수 있을 것이다.

명량해전도(1597년(정유) 9월 16일)

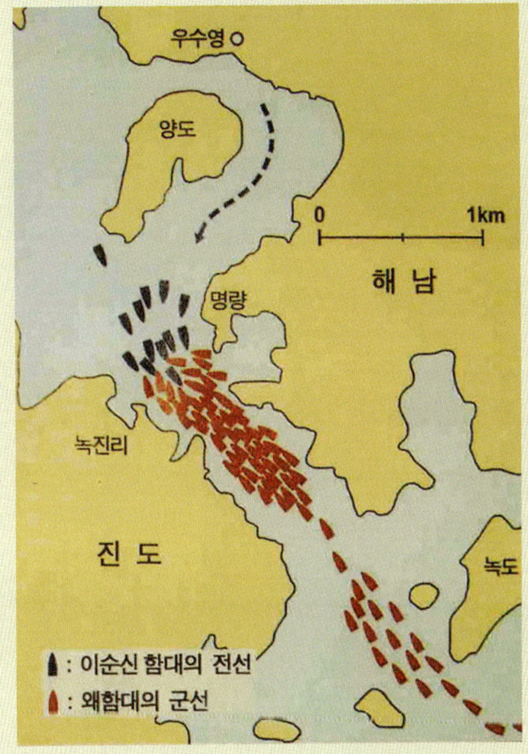

정유년 9월 16일, 노량해전에서 이순신 장군이 12척으로 왜
선 300척을 무찌른 해전 상상도.

죽간竹簡

시조始祖 환인桓人과
수인燧人 씨와 신농神農 씨

차와 문방사우文房四友

제2장 시조始祖 환인桓人과 수인燧人 씨와 신농神農 씨

1. 환인桓人 · 수인燧人 씨 · 신농神農 씨

<환단고기桓檀古記>에 다음과 같은 기록이 있다.

어느 날 남녀 800명이 흑수黑水 백산白山의 땅에 내려왔다. 이에 환인은 감군監群으로서 천계에 계시면서 돌을 쳐 불을 일으켜서 날 음식을 익혀 먹는 법을 처음으로 가르치셨다. 이를 환국桓國[주 : 하느님의 나라]이라고 하며, 그를 가르켜 천제환인(天帝桓因), 또한 안파견安巴堅이라고도 했다. [주 : 환인桓因과 안파견은 같은 사람이며 안파견은 중국 발음으로 '안파첸'이라며 우리말로는 아버지에 해당하는 말이라고도 한다.] 또 환인을 거발환居發桓이라 하였는데 소위 거발환인은 천天 · 지地 · 인人을 하나로 정하여 부르는 호이다. [주 : 三聖記 상편]

<고대민족사>에는 한(배달)나라의 하늘물(天水, 松花江, 天池淵, 黑龍

江)가에서 나온 성인이 나무를 뚫거나 문질러서 불내는 법을 알아, 음식을 익혀 먹는 법을 가르쳐 줌으로서 그를 수인 씨라 하였다. 그는 흙으로 접시, 사발, 항아리 등 여러 가지 그릇들을 빚어 불로 굽는 법을 가르쳐 주었다. 그는 또 하늘의 별들을 28숙宿으로 나누고, 한 해를 봄, 여름, 가을, 겨울 등 사철로 나누며, 한 철을 3달로 하고, 한 달을 30일로 하였다.

(燧人氏出 於天水 觀天之星辰 列爲 二十八宿 分歲爲春夏秋冬四時 時各九十日 分孟仲李三月…… 燧人氏敎以 鑽木取火得燔炙 熱食之法 而民大利 姑曰燧人氏 謂木器滲液 又敎民 範金合土陶治器皿 爲瓦甌匝瓿 由是火之爲用矣註;太史公歷 神農以前尙矣:사기 권 26역서 제4東夷造歷實疑問 徐亮之 中國史前 史話 二四六)

염제 신농 씨炎帝 神農 氏에 관한 기록은 다음과 같다.

"한 밝은 산 북녘에 비서갑이란 땅이 있었는데 여기서 환웅이 대대로 농사 짓고 사냥도 하였다. 뒷날에 곰겨례熊族의 여자 임금이 환웅의 믿음을 얻어 여러 대로 비서갑 땅의 임자 노릇을 하였다. 이 곰겨례의 갈래로서 고시高矢의 자손인 소전少典이 있었는데 8대째 임금인 안부련 환웅安夫連 桓雄께서 그를 강수姜水(양자강)로 보내어 군사를 감독하게 하였다. 소전少典의 아들이 염제 신농炎帝 神農 씨인

청백병항아리

데 이 이가 뒷날 열산으로 옮겨 갔다.”

太白山屹屹然 立於斐西岬之境 有負水抱山而 又回焉之虛 及大王祭天之所也 世傳桓雄天王巡駐於此佃獵以祭風伯…… 後熊女君爲天王所信世襲爲斐西岬之王儉俗言大監也熊氏之所分曰少典安夫連桓熊之末少典以命監兵干姜水其子神農嘗百草制藥後徒例日中交易人多便之 [주 : 桓檀古記 三韓管境本記 第四, 73장. 五帝皇帝記 고대민족사]

염제 신농 씨가 불을 일으켰다고 하는데 불에 관한 기록은 환인을 비롯해 수인 씨와 고시 씨, 다음 신농 씨 순으로 되어 있다. 많은 기록들을 살펴본 결과 불의 시작은 신농 씨가 아니고, 신농 씨는 다만 불을 관리하였던 것으로 보인다.

이와는 달리 차茶는 최초로 신농 씨가 발견하고 그 차에 약효가 있다는 것과 차를 효과적으로 마시는 방법까지 직접 제안하여 마시게 하였으니 이것이야 말로 홍익인간弘益人間의 정신을 이어 받은 것이 아닌지……. 여러 가지 이야기들이 전설처럼 전하여져 오고 있다.

신농神農 씨의 이야기가 전설이든 아니든 간에 차茶가 지금까지 전해져 왔고, 또 사람에게 유익하다는 사실은 그 누구도 부인할 수 없을 것이다. 고대에서부터 지금까지 틀림없이 그대로 지속되어 온 역사를 두고 우리가 어찌 함부로 말할 수 있을 것인가. 또 불치의 병이라고 하는 여러 가지 병에 효력이 있음을 발견한 것만 하여도 헤아릴 수 없이 많다는 것은 이미 누구나 다 알고 있는 사실이다. 그러기에 다인茶人은 차를 소중히 다루는 예법을 소중히 지켜왔고, 차는 제사에는 없어서는 안 되는 신선한 제물이었던 것이다.

2. 시조다례의식始祖茶禮儀式의 의미

태성삼조다례의란 다인이면 누구나 모셔야 할 세 분의 신에게 감사하는 다례의식을 말한다.

환인桓因은 우리의 역사를 시작한 시조 조상始祖祖上이요, 수인 씨燧人氏는 인류의 역사상 최초로 불을 일으키는 법과 흙으로 그릇을 빚어 불에 구워 쓰는 방법을 가르쳐 주었으며, 신농神農 씨氏는 차와 약초를 발견하여 인류를 병고에서 구원해 행복한 삶을 영유할 수 있게 했다. 그래서 오늘날 인류의 생활문화 발전의 기초가 되었다.

인류는 근시안적인 사고방식에 빠져 강력한 아름다움만을 추구하다 보니 긴 안목에는 먹구름만 가득 보일 뿐이다. 내일을 생각하지 않는 오늘의 현란함은 정해진 절망으로 무릎을 꿇어야 하는 비통함이 숨어 있는 것이다.

그러기에 사람들은 맑고 깨끗한 도자기와 차 한 잔으로 위로 받고 깊은 생각으로 인생을 음미한다. 이는 아마도 차茶가 품고 있는 아름다운 생기生氣 때문이 아닐까 싶다.

지금까지 역대의 다인들에게 보내는 찬사나 의식은 많았다. 그러나 막상 차와 도자기의 뿌리 신神을 외면하고 있다는 것은 바른 차 생활인으로서의 자세가 아니다.

바른 다인이라면 보은의 덕과 은혜恩惠를 잊어서는 안된다. 또 차와 도기陶器가 오늘에 이르기까지 많은 염원과 기도가 쌓이고 쌓여 오늘 날, 차례와 조화를 이루게 되었음을 알아야 한다. 그래서 다시 한번 깊이 생각해 보기를 희망하며, 태성삼조다례의라는 이름으로 차례를 올리는 의식을 기록하는 바이다.

특히 차례는 조상을 모시는 의식으로 우리의 독특한 문화다. 따라서 인류사회를 홍익인간弘益人間으로 실천할 수 있게 한 이 태성 삼조다례의는 당연히 나라에서 관장해야 할 주신主神이라고 하여도 과언이 아니라고 생각한다. 좀더 자세히 말하자면 오늘날의 과학, 공업, 농업과 정신적 지혜에 이르기까지 그 토대 위에서 행복을 누려 온 것이다.

흙과 물과 불의 은덕이 하늘에 있다고 할지라도 그것을 쓰는 지혜에 따라 세상은 변해 왔고, 또 무궁한 변화가 끊임없이 이루어졌고 앞으로도 변화무쌍한 인류의 생활발전으로 다가올 것이다.

3. 삼성다례의식三聖茶禮儀式

(1) 의식에 모시는 주신

(가) 환인桓因,
(나) 수인 씨燧人氏,
(다) 신농 씨神農氏

(2) 도안설명과 준비물

(가) 차례상
(나) 향상과 향로 · 향 · 초

(다) 돗자리 배위

(라) 폐백탁자와 상보 대 · 중 · 소

(마) 팽다소烹茶所

(바) 관세소盥洗所 대야 · 물병 · 수건 · 수건 담는 상자

(사) 의상은 모두 한복이나 남자는 도복과 관을 갖춘다.

(3) 진설물陳設物

(가) 촛대 한 쌍, 부싯돌(성냥), 향로

(나) 다식 셋(병과 · 다식 · 경과(京果 : 호박씨, 땅콩, 호두 등)류)

(다) 폐백 쟁반 셋(명주 한 필 · 오색구슬 한 쟁반 · 생차잎 한 광주리)

(라) 큰 화병 한 쌍, 꽃, 산화散花바구니 8개, 오색 꽃잎

(마) 헌다완 3벌(반드시 초벌구이 토기 3벌. 보통 다완보다 커야함)

(바) 음다용 잔, 다식과 나눔의 접시

(4) 식순 진행자와 봉사자

(가) 헌관獻官 3명(초헌 · 아헌 · 종헌)

(나) 집사執事 1명 총지휘자

(다) 집준존執樽 2명 : 제향할 제물과 폐백을 맡아 진행함

(라) 사찬司贊 : 식순 진행자

(마) 대축大祝 : 축문을 읽는 사람

(바) 찬례贊禮 : 행례를 전도 안내함

(사) 팽주烹主와 시자 3명

(아) 관세자盥洗者 3명

(자) 주최 대표

가을이면 피는 소담한 차꽃

다례상 배치도

②
수인씨
①
환인
③
신농씨
초
차
차
차
초대
견과류
떡
다식
구슬
명주
생차
(폐백물)
구슬
명주
생차잎
퇴차용 작은 항아리
ㄱ
①
ㄴ
②
ㄷ
③
팽주
시자
시자
시자

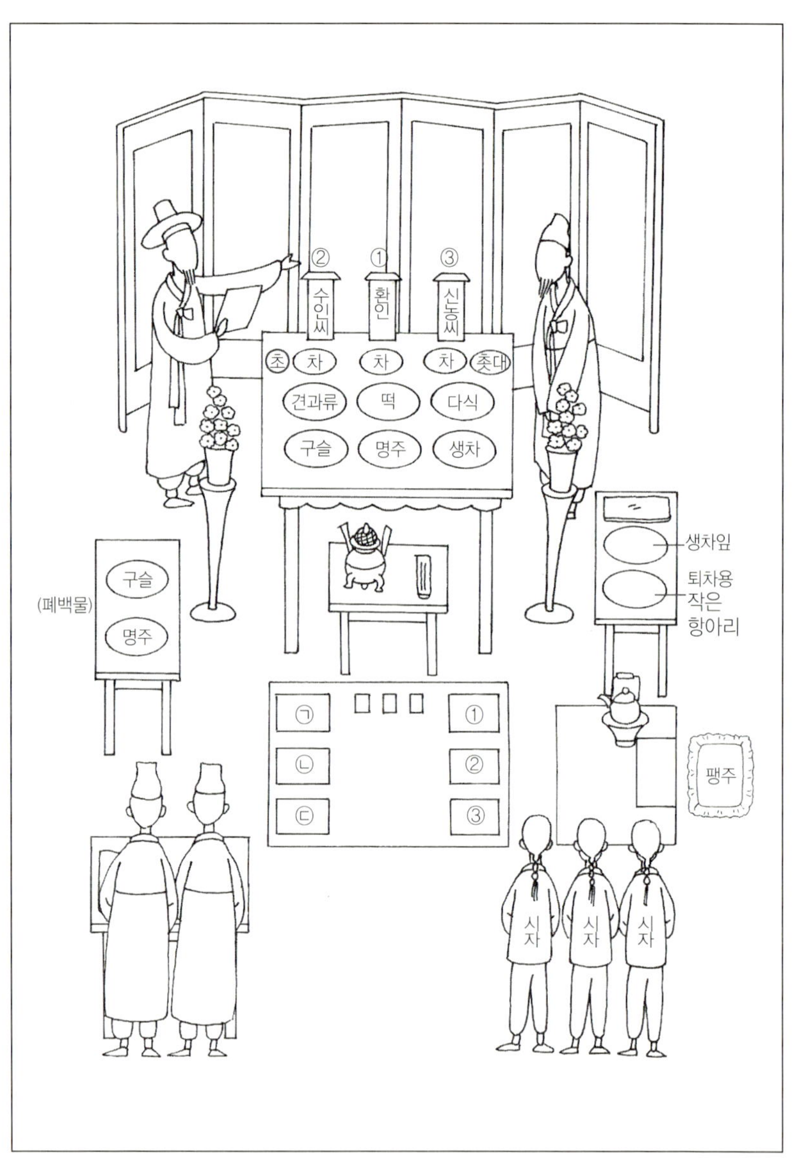

(5) 행다례

　의식을 진행하는 종사자들은 식장에 들어가기 전에 먼저 손을 깨끗이 씻고 의상을 단정히 한 후(관세례盥洗禮)

〈1부〉

　사찬司贊 — "종사자는 입장 하시오!" 하면,

　찬례贊禮가 모든 종사자를 인솔하고 입장하여 각각 정해진 자리에 나아가서 선다. 이때 집사執事는 진설품과 폐백물이 잘 정돈되었는지를 확인하고 제자리에 선다.

　사찬은 식순에 따라 진행한다. [개회사·개회식과 국기에 대한 경례·애국가 봉창·순국선열에 대한 묵념·축사 등등. 이러한 식은 단체일 때 시행함]

　사찬 — "모두 자기의 자리에서 북쪽을 향하여 재배再拜를 하시오!" 하면,

　종사자는 모두 그 자리에서 북쪽을 향하여 재배한다. 이때 예찬은 죽비로 배례를 맞추도록 신호한다.

　사찬 — "집사는 향과 촉을 점화하시오!" 하면,

　집사는 향안香案 앞에 나와 향을 피우고 촛대에 불을 밝히고 자기 자리로 돌아간다.

　사찬 — "진찬進饌 헌공獻供하시오!" 하면,

　찬례贊禮가 맨앞에서 찬자饌者를 인도하여 입장한다. (1) 태극등太

極燈 (2) 향香 (3) 부싯돌 또는 성냥 (4) 병과餠果 (5) 오색다식五色茶食
(6) 경과류京果類 (7) 꽃바구니 한 쌍(화병·화분 등도 무방함) 순서대로 입
장하면 집사執事가 받아 집존執尊에게 넘기고, 집존이 받아 제자리
에 진설한다. 이때 태극등(둥근 등)은 약간 높이 단다.
　진설이 끝나면 시자侍者는 찬례의 인도를 받아 퇴장한다.

　사찬司贊 ― "삼헌관三獻官을 인도하시오!" 하면,
　찬례는 삼헌三獻을 인도하여 입장하는데 먼저 관세소에서 손을
씻고, 관세소 시자가 건네주는 수건에 손을 닦은 후 찬례의 안내로
정해진 자리, 즉 왼쪽으로 가서 선다.(그림 ㉠㉡㉢ 자리 동쪽을 향함)

　사찬 ― "삼헌은 향을 올리시오!" 하면,
　삼헌은 다같이 한 걸음 향안香案 앞으로 나아가서 읍揖하고, 초
헌·아헌·종헌의 순으로 향을 올린 후, 다시 읍하고 배위拜位로 와
서 나란히 선다.

　사찬 ― "삼헌은 재배再拜를 하시오!" 하면,
　삼헌은 나란히 서서 재배를 한다. 절을 마치고 나면 찬례의 안내
를 받아 배위에서부터 다음 자리로 퇴장한다. (약간의 시간을 내어 다음
폐백물을 설명한다.) 이때 찬례는 미리 정해진 자리로 안내한다.

〈2부〉
　사찬 ― "다음은 폐백幣帛을 올리는 순서입니다." 하면,
　또 다른 삼헌관이 찬례의 안례를 받고 입장한다. 찬례는 관세소

에서 세 분의 헌관이 손을 씻기를 기다렸다가 각각 헌관의 자리로 인도한다.

사찬 — "폐백을 올리시오!" 하면,

삼헌은 다같이 배위에 나아가 (1), (2), (3)의 정해진 자리에 선다. 이때 대축大祝이 폐백탁자 위에 놓인 폐백물 중에 (1)번 헌관이 한 걸음 앞으로 나아가면 대축이 환인桓因에게 올리는 명주를 헌관에게 바친다. 헌관은 전해받은 폐백(명주)을 집준執樽(좌측)에게 전하면 집준은 환인 신위 앞에 놓는다. 헌관은 읍하고 자기의 자리에 가서 선다.

사찬 — "아헌亞獻은 폐백을 올리시오!" 하면,

(2)번 아헌관은 한걸음 앞으로 나아간다. 이때 대축大祝이 오색구슬 쟁반을 들고 아헌에게 전하면 아헌은 구슬쟁반을 약간 높이 들고 한 두 걸음 앞으로 나아가 좌측 집존執尊에게 건네준다. 집준은 이것을 받아 수인 씨의 신위 앞에 올리면 아헌관은 읍揖하고 자리에 와서 선다.(구슬은 무궁무진한 변화를 끝없이 일으켜 발전하는 의미이며 49개이 구슬을 폐백하는 것은 발전에서 또다른 신세계를 상징한 것이다.)

사찬 — "종헌은 폐백을 올리시오!" 하면,

앞의 헌관들과 같이 종헌終獻은 한걸음 앞으로 나아가 읍揖하고 대축에게 받아 집준에게 전한다. 집준은 신농 씨의 신위 앞에 생차잎이 쌓인 쟁반을 올린다. 종헌은 읍하고 돌아와 다같이 나란히 서서 재배하고 찬례가 인도하는 자리에 나란히 선다. 이때 찬례는 세

사람의 헌관을 동쪽에 물러나 북을 향하게 한다.

사찬 — "차를 올리시오!" 하면,

다소에서 차를 준비하여 세 사람의 시자가 각각의 다반에 받쳐 들고 천천히 입장한다. 그 사이 세 분의 헌관이 앞으로 나와 나란히 동남향을 보고 서면 시자侍者는 헌관 앞에 무릎을 반쯤 꿇은 자세로 다반을 높이 들어 올린다.

헌관은 찻사발碗을 들고 북쪽을 향해 서서 한 발 앞으로 나가면 집준이 받아 올린다. 아헌과 종헌도 이와같이 한다.

일단 차茶를 높이 들어 경배를 표한 다음 집사에게 전하는데 이를 마치면 헌관은 나란히 북향하여 읍한다. 이로써 차 올리기를 마치면 배위로 가서 선다.

사찬 — "삼헌은 모두 같이 삼육대배三六大拜를 하시오!" 하면,

삼육대례배를 하는데 그 법은 세 번 절을 한 다음 그대로 꿇어 앉아 여섯 번 머리를 조아리는데, 이런 것을 고두叩頭라고 한다. 머리를 깊이 숙여 여섯 번을 조아리는 것은 단군께서 하늘에 제사를 지낼 때 하는 예절이다. 절이 끝나면 삼헌은 배위拜位의 서쪽 ㉠㉡㉢의 자리에서 동향하여 선다.

사찬 — "대축은 축서를 올리시오!" 하면,

대축은 앞으로 나와 먼저 향香을 사룬 다음에 축문을 읽는다.

(다대례축문茶大禮祝文은 한지에 붓글씨로 써야 함.)

축문

축문(祝文)

○○년 ○○월 길한 날을 받아
삼태성신이신 극신 환인 님과 불과 흙으로 그릇을
만드신 수인 씨와 신령스러운 차로 인류의 건강을 지
키도록 하신 신농 씨인 삼신을 우리 차인들의 근본인
뿌리로 모시게 하였으니 참으로 무한한 기쁨이옵니
다. 이는 하늘이 내리신 경사이니 차인 모두 하나가
되어 삼신을 받들어 감사하는 축제를 올리오니 충만
한 기쁨으로 받아주시옵소서

대축大祝은 축문이 끝나면 집사는 축서를 받아 향상 위에 놓는다. 다음은 헌다한 차를 거두어서 음복할 차를 준비한다. 이때 다소에서 음복차와 찻잔 다식 등을 준비한다.

(삼헌은 모두 일단 퇴장하되 찬례가 인도하는대로 따른다.)

〈3부〉

통찬通贊 — "산화와 음복례가 있겠습니다." 하면,

상의尙儀가 꽃을 뿌릴 선화 8명을 인솔하여 입장한다.

이때 상의는 꽃 3송이를 들고, 8명은 각각 꽃바구니에 꽃잎을 담아 입장하는데 바구니는 왼쪽 겨드랑이와 허리사이에 끼고 오른손으로 꽃바구니의 꽃을 뿌릴 듯한 자세로 입장한다. 그리고 나서 정해진 자리에 서면 상의尙儀는 꽃을 태성신에게 먼저 바치는데 상의가 한번 꽃을 높이 들어 올린 다음에 읍揖하면 집준이 받아 놓는다. 음복례 때에는 항상 앞에 음복할 차항아리와 토기의 큰잔 세 벌과 손님 수에 맞추어 일반 찻잔과 조롱박, 혹은 작勺을 준비한다.

통찬 — "음복례를 행합니다." 하면,
삼헌은 토기잔을 들고, 손님들은 보통잔을 든다. 이때 축하의 뜻으로 중앙에 깔아둔 돗자리의 주변을 무희들이 돌며 환호의 축하 시낭송과 함께 서서히 꽃을 뿌린다.
이렇게 차를 돌려 다 마시기를 마치면 통찬이 죽비를 쳐 신호를 보내고 세 분의 헌관은 그에 맞추어 토기 찻사발을 높이 들었다가 같이 던져 깨뜨린다. (중앙에 사각상자에 모래와 자갈을 담아 두고 그곳에 토기를 던진다.) 이때 깨어진 그릇을 중심으로 무희들은 원을 그리며 무도舞蹈하는데 이때 꽃을 남김없이 뿌린다.
통찬 — "산화 무도의 시낭송!" 하고 외치면,
시를 낭송한다.

산화무도散花舞蹈
- 꽃을 뿌리는 무도舞蹈의 시詩

깨어져라 부서져라
남김 없이 흩어져라
몸을 던져 낙화하여

썩을대로 썩어라

춤을 추며 썩어라

썩은 것이 새로 돋는 새생명이니

꽃잎이 떨어져야 영근 씨알 태어난다

부드러운 꽃잎은 깃털로 높이높이 날아라

흙이 되는 씨알은 원폭의 폭발이면

부활을 거듭하는 새로 돋는 새싹이다

오만과 횡포는 떨어진 낙화로 한 목숨 다하여라

산산히 부서져 남김 없이 깨어져라

정직한 죽음에는 새롭게 빛나는 새생명이다

약속된 미래로 새로 돋는 비상으로

부활하는 도약이다.

우리는 모두 한 뿌리, 한 몸에서

사랑의 씨알로 태어날 생명이다.

주최 측의 인사말이 끝나면 모두 서로 인사하고 끝낸다.

식이 끝나면 찻잔과 구슬은 자리를 빛내어 주신 손님들에게 고루 나누어주고, 명주는 나이 많은 노인들에게 목도리감으로 나누어 갖도록 하는 것이 복을 나누어 갖는 예절이다.

삼태성신을 모시는 차례는 지금까지 행하여 왔던 것은 아니다.

그간의 풍성했던 우리의 옛 차문화는 역사 속에 묻혀 왔으나 지금으로부터 약 30년 전부터 서서히 긴 잠에서 깨어나기 시작하여 지금은 급속도로 발달하고 있다. 그리하여 행다례에서 부터 차산업에 이르기까지 활발하게 움직이고 있다.

그런데 급속도의 발달은 자칫 균형을 잃게 되어 정신문화적 가치 기준이 손상될까 하는 염려도 없는 것은 아니다.

　우리 차인이 추구하는 전통과 미래지향적 그리고 섬세하고 깊이 있는 예술적 가치로 승화한 다음 인류의 차생활이 보편화하여 일상생활로 익숙해져야 한다. 그렇게 되면 그것이 곧바로 도덕적인 생활인으로, 또는 성숙한 품격의 인간교육으로 이루어질 것이고 그러한 가정교육이야말로 우리가 바라는 진정한 차생활이라 할 것이다. 이러한 소원 성취를 위해 차의 근원을 국신인 환인桓因과 도자신陶瓷神인 수인 씨燧人氏와 차신茶神인 신농 씨神農氏를 모시는 차례를 행하는 것이 바로 뿌리를 찾아 밝히는 참 차교육이라 믿어 삼태성신의 차례를 발표하는 것이다.

제3장

요람搖籃에서 무덤까지

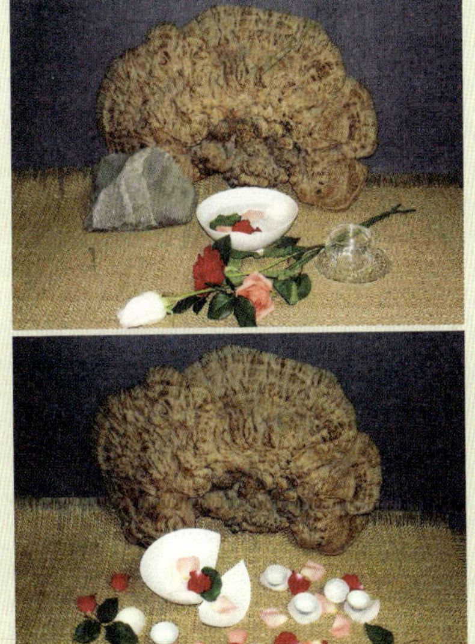

윤회의 법칙

제3장 요람搖籃에서 무덤까지

1. 탄생과 축복

인간은 하늘의 법칙에 따라 생生과 사死를 거듭하며, 탄생은 인간의 번창을 위한 시작이다. 이러한 생명의 잉태를 어찌 인간의 뜻대로 할 수 있을 것인가? 그러기에 생명의 탄생은 축복이고, 그래서 축복하는 의미의 뜻이 옛부터 지금까지 이어져 왔다.

어린이가 태어날 때 차나무를 꽂아야 되지만 여기서는 화려한 꽃으로 꽂음.

우리의 풍속은 삼신할머니가 아기의 탄생을 주관하는 것으로 믿고, 아기가 탄생하면 삼신상에 정화수井華水 한 사발을 올려놓고 감사함과 아기의 무탈함과 복을 빌었다. 그런데 이러한 풍속이 없어지면서부터 생명의 존엄성도 서서히 퇴색되어졌다고 할 수 있다.

그러나 한 나라의 풍속이나 문화는 모조리 지울 수도 없어지지도 않는 특성이 있어, 나라가 있고 백성이 있는 한 대대로 이어지기 마련이다.

6·25전까지만 하더라도 아기를 점지點指하여 주는 삼신할머니의 위력은 대단한 것으로 여겼다. 한 가문의 천륜天倫을 이어가게 하는 자손을 태어나게도 하고 가문을 번성하게도 하니, 그것은 곧 그 가문과 나라의 번창을 의미했다.

삼신할머니는 아기를 순산하게 하고 그 아기를 삼칠일까지는 산실에서 돌보아준다고 믿었다. 그러다가 부정한 일이 그 사람의 집안으로 들어오면 삼신할머니가 노하여 아기를 보호하지 않고 떠나버려 큰 재앙이 오는 것으로 여겼기 때문에 아기가 태어나면 곧 금줄을 쳤던 것이다.

그러나 지금 삼신할머니의 존재를 믿는 사람은 없다. 그럼에도 불구하고 생명의 신비는 경이로움으로 받아드릴 수 밖에 없다. 그렇다면 옛 삼신할머니의 엄격함이 생명의 존엄성을 일깨워 주는 교훈이었다고 생각할 수 있어 그러한 선인들의 지혜가 돋보이기도 한다.

지금은 새로 태어난 아기의 축복을 위해 차나무 화분으로 아기방을 장식한다. 이것은 차나무의 맑고 청정한 기운이 아기를 보호하고, 아름답고 고귀한 차의 품성이 그대로 아기에게 전해지기를 바라는 깊은 뜻에서 그러는 것이다. 산실에 차나무 화분을 두면 잡내음을 없애준다. 또한 차나무의 실화상봉實花相逢의 의미를 산모와 아기의 탄생으로 생각해 보는 것도 아름다운 이야기가 될 것이다.

[주. 차나무의 실화상봉이란?

차나무의 잎은 봄에 따서 차를 만들고, 꽃은 가을에 피는데, 그 열매는 다음 해에
다시 꽃이 핀 연후에야 영글어 떨어지기 때문에 일컫는 말이다. 집에서 기른 차잎
을 따서 아기를 목욕시킬 때 3~5잎 정도 물에 띄워 목욕을 시키면 '아토피'를 예
방하는 데 효과가 있다.]

2. 백일百日

아기의 백일에는 아기가
태내에서 출산까지 산신産神
의 보호 아래 있다가 속계로
처음 발을 내딛는 날이라는
뜻이 담겨 있다. 이날의 백
일상에는 흰 쌀밥과 고기 미
역국에 나물, 백설기, 붉은

팥고물 차수수 경단, 오색 송편, 푸른 가루차 한 사발을 올린다.

그리고 축원한 다음, 차茶는 사방 팔방에 고시레로 뿌린다. 그리
고 나서 산모가 먼저 한 모금을 넘긴 다음, 아기의 미간에 차茶 한
방울을 찍어 준다.

백일떡은 백 집에 나눠주어야 아기가 건강하고 장수한다고 믿어
왔으며, 떡을 받은 집에서는 무명실 한 타래나 쌀을 보내기도 하였
다. 이리하여 아기의 주변에 잡귀가 범접하지 못하게 하였다. 특히
차를 미간에 찍어주는 것은 차덕茶德과 그 영특한 기운을 전해주는
뜻이었다.

3. 돌[初度日]

아기가 자라 걸음마를 시작할 때쯤이면 첫 생일인 돌이다.

이 세상에서 가장 아름다운 꽃은 사람꽃[人花]이고, 그 사람꽃 중에서도 가장 아름다운 꽃이 아기꽃이다.

돌은 통과의례로 초도일初度日, 쉬일晬日, 주일周日 등으로 부르기도 한다.

돌날에는 돌상을 차리는데 아기의 수명장수壽命長壽(무병장수)와 건강복록健康福綠을 축원하여 새로 마련한 밥그릇과 국그릇을 사용하여 밥과 미역국을 담아놓는다.

또 나물과 떡으로 상차림을 하는데 떡은 붉은 팥고물 차수수 경단과 무지개떡(색동떡), 인절미, 백설기 등을 차린다. 한편으로는 타래실, 붓이나 연필, 공책, 남아男兒는 활을, 여아女兒는 바느질용품 등을 놓고 새옷을 입은 아기가 그중 무엇인가를 잡는 데에 따라 아기의 장래를 점쳐 보며 기뻐했다.

이러한 미풍은 이미 고려 때부터 있었다고 전한다. 지금은 우리 민족이 사는 곳 세계 어디든지 돌잔치의 덕목으로 아기의 선택을 즐거한다.

그런데 이제부터는 차茶 소꿉이나 다과도 올려놓고 만약 아기가 차에 관한 것을 잡는다면 그 아기는 천성의 아름다움과 후천의 지혜를 선택한 것이니

장래를 기대하여도 좋을 것이다.

아기의 돌옷에는 호박단추나 나비노리개를 달아 주는데 이 호박단추나 작은 나비 등은 차꽃으로 만들었다. 즉 노리개의 속은 떡차로 채워 만들거나 잎차 세작을 뭉쳐 그 형태를 단차, 즉 덩어리 차로 만들어 복주머니에 넣어 채워준 다음 돌날 기념으로 오래 간직하게 한다. 이렇게 아기들의 역사를 기록으로 또는 실물로 남기는 것도 귀하고 또 귀한 생명을 축복하는 뜻있는 일이 될 것이다.

4. 성년 관례 의식成年 冠禮 儀式

성년 관례 의식이라 함은 옛날 남자의 관례冠禮와 여자의 계례笄禮를 말하는 것이다. 즉 15세에서부터 20세까지 이런 의식을 올려 성인成人이 되었음을 인정하고 그 책임과 의무를 지어주는 예절인 것이다. 여기에서 책임이란 자식된 도리, 학생된 도리, 청년의 도리, 백성된 도리 등 자기 스스로 자신의 분수를 알아서 행하도록 하는 것이다.

머리에 쓰는 관冠은 신체 중 가장 중요하기 때문에 으뜸을 의미한 것이다.

주역에서는 하늘과 땅이 있은 다음에 부부夫婦가 있고, 부자父子가 있고, 군신君臣이 있으니, 남녀는 일륜 기강紀綱의 근본이요, 만사萬事에 우선한다고 가르친다. 관례와 계례는 인류의 도리를 시발하는 기점으로 생각하였던 것이다.

인류가 살아가는 세상은 끊임없이 흘러가고 밀려오며 미세하게 또는 거대하게 바뀌어가기 마련이다. 특히 의·식·주衣食住는 금세기에 이르러 뿌리 깊은 전통성까지도 위태로운 지경에 이르렀다. 그 까닭은 현대화로 인한 문명적 이기가 국가나 사회, 또는 가정에 분별없이 받아들여졌기 때문이다.

그러므로 물질이 아닌 인성人性교육을 위해 성년의식은 반드시 치러야 하며, 그 바탕을 우리의 전통 의식을 기본으로 하되, 인격적인 예우로 이끌어 나아가야 한다. 이것이야말로 사춘기를 자기성찰의 기회로 삼아 조용히 극복하는 계기가 될 것이다.

그러나 현대의 생활환경에서 모든 청소년이 성년 의식을 치르려 한다면 옛 방식으로는 감당하기가 벅차다. 그래서 지금의 환경으로서는 도저히 실행하지 못할 것인 바, 우리의 전통을 그 바탕으로 하되 현대의 환경을 어느 정도 수용 배합한 형태로, 누구나가 우리의 것이라고 마음 편하게 느낄 수 있도록 실행한다면 현명한 방법이 될 것이다.

그런데 요즈음 성년식을 한다면서 성년들을 단체로 모아놓고 그 대표 한 사람을 선정하여 옛 관례와 계례를 무대에서 연출한 다음 나머지 사람들에게 그것을 구경만 시켜주고 성년식을 행한 것으로 간주하여 끝낸다. 이는 오히려 성년의 첫 출발부터 자신들은 이 사회의 주인공이 될 수 없다고 하는 정신적 충격만 받게 하여 지울 수 없는 씁쓸한 추억으로 되씹게 하는 결과를 낳게 한다.

성년의식이란 누가 누구의 대리나 대표가 되는 성질의 것이 아니다. 오직 본인만이 누려야 할 권리이자 의무요, 자존심이며, 책임 있는 삶을 누리게 하기 위해 우리의 조상이 남긴 최상의 문화 중의 문화다. 우리 조상들은 성년의식을 기점으로 인간답게 생각하고

행동할 것을 규범으로 만든 것
이다.

이 세상을 단 한번 누리며 살
아가야 할 인생의 의미를 느끼게
하는 첫 출발점인 성년의식을 구
경만 한다는 것은 우선 자존심을
상하게 하는 것이니, 이러한 대
리 의식은 하지 않는 것이 오히
려 좋다.

성년의식은 모두가 다같이 평등하게 치루어져야 한다. 그리고 자
字(또 하나의 이름)를 내려주어서 부모가 내린 이름과 함께 쓰면서 성
년이 되었음을 인정받는 계기가 된다면 우선 자기 자신을 함부로
하지 않는 성인다운 인격을 갖추려고 노력할 것이다.

필자도 1994년에 창경궁 뜰에서 청소년 30명이 부모님의 손을 잡
고 입장하게 하여 다 함께 치루었고, 또 대학생들을 삼사십 명에서
백오십 명까지도 치루었는데, 별 무리 없이 치루어 학생과 학부모
모두 만족해했다.

사춘기의 청소년들에게는 사회의 품안이 넓고 관대하지만 스스
로가 책임을 지고 느낄 수 있도록 해주어야 한다. 그래야 매사에 생
각하며 살아가는 태도를 익혀 인간적人間的인 도리를 알고 예의와
질서를 지켜나가는 책임 있는 인격체가 되는 것이라고 믿는다.

성년의식 진행도

북
서(여)
동(남)
①
하늘과 땅
②
③ ③
④ ④ ④
⑤ ⑤
⑥
⑦
⑦
명화사
집사도우미
⑧
⑧
⑨
⑩
1
⑪
⑪
주례
도우미
빈주
빈주
주례
도우미
팽주와
도우미
보호석
계자석
예찬자
예찬자
관자석
보호석
4
4
⑫
⑫
1 △ ○
2 △ ○
3 △ ○
4 △ ○
5 △ ○
6 △ ○
7 △ ○
8 △ ○
9 △ ○
10 △ ○
1 ● ▲
2 ● ▲
3 ● ▲
4 ● ▲
5 ● ▲
6 ● ▲
7 ● ▲
8 ● ▲
9 ● ▲
10 ● ▲
⑬
도우미
예찬자
예찬자
도우미
⑬
도우미
도우미
도우미
도우미
관서관
관서관

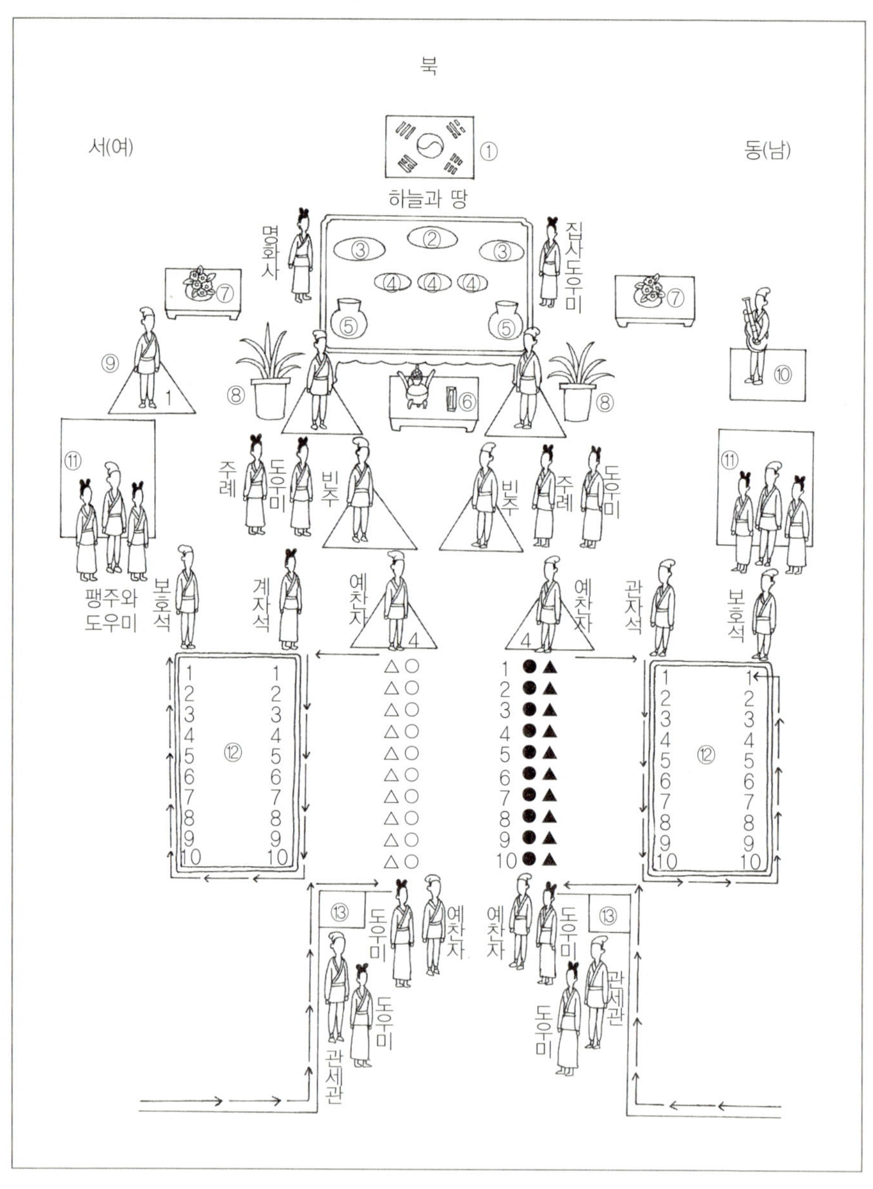

(1) 성년의식 다례의 준비물과 종사자(30명 기준)

① 태극기

② 제상과 지방(찬신에게 올리는 지방)

③ 촛대와 초

④ 다식 · 병과 · 다과 3접시

⑤ 음복 항아리

⑥ 향로 · 향 · 향합

⑦ 성년들의 머리에 꽂을 대화戴花(관례자와 계례자의 머리에 꽂아주는 꽃)

⑧ 화분 또는 꽃바구니

⑨ 사회자

⑩ 악사석(음악)

⑪ 다소 2곳(차를 준비하는 곳)

⑫ 큰 돗자리 2장, 작은 것 2장

⑬ 관세기 2벌, 수건 10장

⑭ 찻잔 30개, 찻탁 30개

⑮ 칫사발 30개, 다식접시 30개

⑯ 쟁반 20틀

⑰ 축시 꽃쟁반 6틀

⑱ 관자의 도복과 갓 10벌

⑲ 계례자의 겉두루마기와 아얌(머리쓰개) 10벌

⑳ 관자와 계례자와 보호자 모두 한복을 입는다. 이날은 보호자도 자식들의 성년식을 축하함과 더불어 축하를 받기도 하는 날이기에 정장하는

것을 원칙으로 한다.

(2) 축문 준비

① 관례 축문

② 첫 번째 축사

③ 두 번째 축사

④ 삼가 축문

⑤ 자字를 내리는 축문

⑥ 관자와 계자의 답사

(3) 종사자의 수와 명칭

① 사회자 1명

② 집사자 2명, 도우미 2명

③ 남녀 주례 2명, 도우미 4명

④ 예찬자 2명, 도우미 2명

⑤ 관례자(남자아이) 10명, 보호자 10명

⑥ 계례(여자아이) 10명, 보호자 10명

⑦ 팽주 2명, 도우미 4명

⑧ 출입구, 기타 안내자 6명

다소茶所는 동東과 서西로 설치한다.

(4) 성년의식 진행

먼저 의식에 임하기 전에 관례자 및 계례자와 보호자는 한복을 갖추어 입는 것을 원칙으로 하며, 식장에 입장하기 전에 예찬자가 점검한다.

사회자 ― "보호자는 각각의 관례자와 계례자의 손을 잡고 입장하시오!" 하면 관례자, 즉 남자는 동편에 서고, 계례자, 즉 여자는 서편에 선다. 그리고 관례자의 보호자는 관례자의 오른쪽에, 계례자의 보호자는 계례자의 왼쪽에 선다. 다음으로 예찬자 두 사람이 동, 서로 나누어진 그들의 맨 앞에 한 사람씩 서고, 도우미는 맨 끝에 서서 이들을 보호한다. (이때 보호자가 손을 잡고 입장하는 것은 성년의 첫 길을 부모가 열어준다는 뜻이다.)

사회자 ― "관례자와 계례자는 관세소에서 손을 씻으시오!" 하면, 들어오는 길목에 설치해둔 관세소로 예찬이 인도하여 과세관이 한 사람씩 손을 씻게 하고, 도우미가 수건으로 닦도록 한 후, 다시 예찬이 이들을 인도하여 정해진 자리에 선다.

입장이 끝나고 관례자와 보호자는 정하여진 자리로 가 나란히 선다.

어떠한 의식에서 손을 씻는다고 하는 것은 목욕재계를 한다는 뜻으로 깨끗함을 상징적으로 보여주는 의식이다. 지금도 종묘 제례에서는 그대로 실천하고 있는데 성년의식에서는 소홀히 하기도 했다. 그러나 이 관세의식은 우리의 전통문화 중 가장 위생적인 법도를 대표하는 절차로 궁궐에서는 왕과 여러 신하들의 관세소가 따로 마련되어 있었고, 태자의 관세 또한 별도로 행하였다.

사회자 — "보호자는 명화사가 주는 꽃을 받으시오!" 하면, 보호자는 명화사가 건너주는 대화戴花를 받아들고, 관세가 끝난 관례자와 계례자가 입장 할 때 예찬자를 따라 입장한다.

사회자는 성년의식을 시작함을 선포한다.

    ⑴ 개회식 선언
    ⑵ 애국가
    ⑶ 순국선열에 묵념
    ⑷ 헌촉 · 헌향 · 헌화
    ⑸ 명사의 축사

사회자 — "주례의 시가축사始加祝辭(첫번째 축사)!"라고 하면 주례는 앞으로 나아가 시가의 축사를 낭독한다.

시가축사始加祝辭

"길한 달 좋은 날에 비로소 충·효·인·의를 믿음으로 받들어 예를 행하나니 지금까지의 어린 뜻을 버리고 성년의 덕을 좇아 오래도록 건강하고 복받기를 축원하노라."

첫 번째 축사가 끝나면 미리 준비한 관례자의 갓과 겉옷, 그리고 계례자의 겉두루마기와 아암을 도우미들이 각자의 앞에 정성을 다하여 가져다 놓는다.

사회자 — "예찬자는 관례자 또는 계례자에게 옷과 관을 씌우시오!" 하면 예찬자와 도우미들이 옷과 관을 씌운다.

사회자 — "보호자는 관례자 또는 계례자와 서로 마주하시오!" 하면, 서로 마주보고 선다. 이때 보호자는 성장한 자녀의 의젓한 모습을 보면 흐뭇할 것이다.

사회자 — "관례자와 계례자의 머리에 꽃을 얹어주시오!" 하면, 예찬자의 안내로 관례자와 계례자는 각자의 보호자 앞에 무릎을 꿇고 앉는다. 그러면 보호자들은 미리 받았던 꽃을 관례자와 계례자의 머리에 꽂아 주는데 이때 꽃이 떨어지지 않도록 미리 조치를 하여야 한다.

머리에 꽃을 꽂는 풍속은 그 역사가 오래된 것으로 단군조에서는 청년들을 뽑아 천지화天地花를 꽂고 다니도록 하였고, 신라에서는 화랑들이 꽂았으며, 고려와 조선조에서는 궁중의 행사에서 왕이 하사한 꽃을 대신 이하 모든 참가자가 머리에 꽂았다.

꽃은 진설한 음식상의 화병에 놓아두기도 하고, 음식에 바로 꽂아 두기도 하는데, 무희나 화랑들이 사철 수시로 꽂아야 함으로 조화로 대신하게 되었던 것이다.

대화(戴花 : 머리에 꽃을 꽂는 것)가 끝나면 모두 바로 선다.

사회자 — "주례는 재가축사를 하시오!" 하면, 주례는 축사를 하기 위해 앞으로 나오고, 집사의 도우미는 축문을 쟁반에 받쳐 주례에게 전한다.

재가축사再加祝辭

"길 한 달 좋은 날에 높은 뜻을 세워 스스로 검덕儉德한 차茶의 예로 천지에 뜻을 세웠으니, 안과 밖이 한결 같은 지성의 행실로 참뜻을 이루고, 또한 건강하고 복받기를 축원하노라."

사회자 — "관례자와 계례자는 헌다獻茶를 하고 재배하시오!" 하면, 예찬자가 안내하여 헌다를 돕고, 헌다하는 차는 집사가 도와 제상에 차를 올린다. 이 차는 항아리에 모아 음복차로 쓰게 한다.

관례자와 계례자가 많을 때는 5명~10명이 같이 헌다할 수도 있다. 헌다를 올리고 나면 재배한 후 읍하고 물러나 예찬의 안내를 받아 자기의 보호자 옆에 선다.

사회자 — "관례자와 계례자는 보호자에게 보은의 차를 올리시오!" 하면, 관례자와 계례자는 보호자와 마주보고 있다가 예찬자가 보호자는 그 자리에 앉도록 하고, 다소에서 차가 나오면 차를 받아 각각 자기 부모에게 바친다.

사회자 — "관례자와 계례자는 각자의 보호자 앞에 서서 큰절을 올리시오." 하면 보호자는 그 자리에 앉아 큰절을 받는다. 절이 끝나면 예찬의 도우미 2명이 보호자를 미리 마련된 뒷자리로 안내한다.

이 큰절에는 지금까지 잘 길러주신 감사와 앞으로 어른스럽게 잘
하겠다는 맹세의 의미가 있다.

사회자 — "주례는 자사字辭를 하시오!"하면, 주례는 자사를 낭독
한다.

자사字辭

> "성년례의 모든 절차를 이미 갖추었으므로 너의 자字를 지어
> 주나니 아름다운 글자와 그 깊은 뜻에 맞도록 행세 할 것이며
> 잘 간직하여 길이 보전토록 하라."

사회자 — "관례자와 계례자는 다같이 답사를 낭독하시오!" 하면
참가자는 모두 동시에 답사를 낭독한다.

답사答辭

> "부족함이 많은 저희에게 이토록 성스러운 자리를 베풀어 주
> 셨으니 어찌 조심하지 않으리오. 앞으로 어른의 가르치심을 명
> 심하여 받들어 행하겠습니다."

답사가 끝나면 모두 같이 선 채로 여러 귀빈들에게 큰절을 하여
예를 갖춘다.

　주최 측에서는 관례자와 계례자에게 새로 지어준 자字를 각자의
이름과 나란히 써서 내리는데 모두 붓글씨로 써 준다.

　자를 내릴 때에는 관례자나 계례자 한 사람씩 이름을 불러 앞으
로 나오면 주례가 자字를 내리면서 붓글씨로 쓴 자字를 도우미가
펴들며 사회자는 큰 소리로 자字를 불러준다.(이것은 성년식을 마친 것
을 선포하는 의식과 같은 것으로 인생의 새로운 출발점에 자신감을 심어주는 매우
귀중한 절차다.)

　자字를 받아들 관례자와 계례자는 감사히 받아들고 다같이 참가
자인 손님들에게 감사의 표시로 큰 절을 한다.

　사회자 — "여러 귀빈들과 함께 음복례를 하겠습니다!" 하면, 예
찬자가 차와 다식 등이 준비된 자리로 안내한다. 차 마시는 예는 사
람의 수에 따라 조금씩 다르다.

　다찬회 식으로 함께 어우러져 같이 할 수도 있고, 귀빈만 따로 모
시고 다회의 방식으로
할 수도 있다. 음다법은
식장과 사람의 수에 따
라 다회의 형식으로 진
행하는 것이 매우 바람
직하다.

진사 다완(보천 이위준 작)

성년 축하 시

고세연

천지의 웅혼한 생명의 소리

어여쁜 목숨 깨어나는

간지러운 바람결에

비틀거리며

연두빛 맨살로

흙을 뚫은 걸음마는

한 줄기 빛을 머금고

한 모금 빗물에 발돋움하며

활짝 핀 연초록의 새싹들

무성한 여울에 어우러져

자란 푸르름도 어느 새

황홀한 청춘이다

오늘은

화사한 5월의 길한 달

길한 날에 오미五味의 차로

삼가례三加禮를 고하는

예의로 밝히니

지금부터는 끝이 아닌

새로운 시작이다

의젓한 생각으로

감미로운 지혜로

더러는
벅찬 감격도 돌다리도
두들겨 건너는 침착함으로
오~성년들이여!
해일의 바다에서는 등대의 빛이거라
어두운 밤하늘에서는 억광년의 별이거라
스스로를 태우는 불이거든 영원한 태양이거라
　　　－ 시집《다향의 축제》에서
＊ 축시는 참가자 중에 어른 되시는 사람이 낭독한다.

청화백자 진사용문화병
높이 39.5㎝ / 구경 11.7㎝ / 굽 11.8㎝

5. 혼례婚禮

혼례는 남男과 여女가 이성
지합二姓之合하는 예절로 인류
창조를 비롯하여 만복의 근원
을 누리는 예로서, 소다小茶와
대다大茶로 나뉜다. 소다小茶는
납폐納幣를 말하고, 대다大茶는
친영親迎을 말하는 것으로, 인
류지대사人倫之大事를 차사茶事

태극선(음양의 조화로 생명이 탄생함을 의미하
는 작품)

로 표현하는 것은 매우 뜻깊은 일이 아닐 수 없다. (주 : 소다小茶와 대다
大茶의 기록은 숙종 38년(1712년) 청나라에 파견된 사은부사 윤지민을 수행한 군관
최덕중이 쓴 연행록에서 참고함.)

(1) 혼례식의 절차

1) 의혼議婚

혼인할 것을 의논하는 절차

혼기를 맞은 신랑과 신부집에서는 중매인을 보내서 당사자의 인
물, 성행性行, 학식, 가법家法, 인품 등을 알아보고 서로 합의가 이루
어지면 정혼하는 것을 의혼議婚이라 한다.

《예기禮記》에 기록된 전통혼례의 육례六禮란 납채納采, 문명問名,
납길納吉, 납징納徵, 청기請期, 친영親迎 등 여섯 단계의 혼례의식을
말한다.

2) 납채納采

신랑과 신부의 부모가 서로 혼인의 뜻을 밝히고 중매인을 통하여 서장書狀과 사주四柱를 보내는 예절이다.

납채란 채택함을 받아들인다는 뜻으로써 오늘날에 정혼定婚 또는 약혼約婚의 절차에 해당된다. 여자의 집으로부터 허혼서를 받은 후 신랑의 집에서 신랑의 사주四柱를 편지와 함께 보내는 것을 말한다. 그 예문은 이렇다.

존체 평안하심을 우러러 바라옵니다. 혼사에 관해서 허락을 내리시니 이 집안의 행운이옵니다. 이에 강의剛儀를 닦고 아울러 사주四柱를 드리오니 혼인일자 연길涓吉택일을 가르쳐 주시기 바라옵니다.

이 편지와 함께 신랑의 사주四柱(四星, 생년·월·일·시를 간지干支로 표시한 것)를 적어 사자使者를 시켜 여자의 집에 보낸다.

〈사주함 예단〉

1. 사주 – 서식 · 봉투 · 싸리가지, 청 · 홍실, 청홍보자기
2. 황금쌍가락지 – 청홍보자기
3. 분홍저고리 한 감 – 분홍간지에 싼다
4. 사주함 – 사주함보 · 청홍보자기

3) 납폐納幣

신랑 집에서 혼서婚書와 예물采緞을 신부집으로 보내는 의식을 납폐라고 한다. 채단은 청색과 홍색의 비단 치맛감을 쓴다. 청색 치맛감은 붉은 종이에 싸서 청색 명주실로 동심결同心結을 맺는다. 이것을 납폐함納幣函 속에 넣고 함겹보로 싼 후 무명끈으로 묶는다. 이 끈은 여덟 자八尺 길이에 근봉謹封이라 쓴다. 이 모든 절차를 소차小茶라 한다.

가례의 납폐조納幣條에 따르면 '빈부에 따라 적당하게 할 것이니 적어도 두 가지는 되어야 하고, 많아도 다섯 가지를 넘지 않아야 한다.'고 하였다.

함을 받는 신부집에서는 대청에 화문석을 깔고 찹쌀 시루떡봉치떡을 하여 놓고, 함이 오면 그 위에 올려놓는다.

함은 신부의 어머니나, 또는 복 많은 여자가 받는다. 그리고 함진아비를 후하게 대접하여 보낸다.

〈납폐함 준비〉

납폐함은 신랑집에서 준비하는데 절차는 다음과 같다.

가. 청·홍 예단 준비

① 홍단紅緞은 청지靑紙에 싸서 홍사紅絲로 동심결同心結 한다.

② 청단靑緞은 홍지紅紙에 싸서 청사靑絲로 동심결同心結 한다.

③ 혼서婚書는 서식에 의해 준비하여 혼서보婚書褓나 주머니에 넣어 봉을 꿰어 놓는다.

택일擇日과 같은 뜻으로, 신랑의 사주를 받은 신부집에서 여자의 생리·기일 등을 고려해서 혼례일을 받아 신랑의 집에 보내는 것을 말한다. 이것으로써 혼인이 확정된다.

4) 친영親迎

혼례날짜로 정해진 날에 신랑이 신부집에 가서 예식을 올리는 절차로 전안례奠雁禮, 교배례交拜禮, 합근례合巹禮, 현구고례見舅古禮, 현조見祖, 서현부당婿見婦堂의 의식절차 등을 말하며 이러한 절차를 대차大茶라고 칭한다.

사례편람에 의한 고례古禮의 친영은 신랑이 신부집에 가서 전안례奠雁禮올리고 당일 신부를 신랑집으로 맞아와 교배례와 합근례를 행한 후 신방을 차렸으나 근래에는 신부집에서 일체의 혼례의식을 올린 후 대개 3일을 묵고 신랑집으로 돌아온다. 이것을 반친영半親迎 또는 3일대반三日對盤이라 한다.

이러한 친영의 문제는 조선의 중종과 명종 때까지 논란이 거듭되다가 전통적인 남귀여가男歸女家의 혼속과 중국식의 친영의 예를 받아들여 절충혼이 이루어 진 것이다.

가. 전안례奠雁禮

신랑이 신부의 혼주에게 기러기를 전하는 의식을 말한다. 원래 살아 있는 기러기를 썼으나 구하기가 어렵자 나무를 깎아 만든 기러기로 대용하게 되었다. 기러기는 한번 암수가 짝을 지으면 한 쪽이 죽는 경우에도 다시는 새로 짝을 짓지 않기 때문에 정절의 상징으로 여긴다.

의혼의 절차에 따라 남녀 양가에서 이루어지면 먼저 남자측에서 청혼편지를 보낸다. 그 예문을 보자.

> 존체 강령하십니까? 저의 자식이 결혼할 나이가 되었으나 아직 마땅한 혼처를 찾지 못하던 차에 귀댁의 규수가 너무도 흡족하게 마음이 드는지라 이에 제 자식과 부부의 연을 맺어주고자 청혼하오니 허락하여 주시길 바라나이다.

여자의 집에서 청혼서를 받고 마음이 있으면 혼인을 허락하는 허혼서를 보낸다. 역시 그 예문을 보자.

> 존체 안녕하신지요? 제 여식의 일, 집안은 보잘 것 없고 누추하온데 이처럼 청하시오니 어찌 감히 따르지 않겠나이까. 바라옵건대 높이 살피시옵소서.

의혼은 양가에서 귀중하게 맺는 인연의 시작이니 신중히 검토해야 할 의식절차이다. 그러므로 의혼을 할 때는 맞선을 보거나 이미 오랫동안 사귀다가 양가 어른들께 말씀드린다 해도 양가 부모는 반드시 확인하여야 할 것이 있다. 즉 예비 신랑·신부의 ① 건강진 단서 ② 호적등본 ③ 주민등록사본 ④ 최종학교 졸업증명서 ⑤ 직 장재직증명서 ⑥ 사진 ⑦ 청혼서·허혼서 등이 그것이다.

이들 서류를 양가에서 교환하여 충분히 검토한 후 정혼을 결정해 야 훗날 이혼하지 않고 백년해로할 수 있는 것이다.

　　나. 전안례의 홀기笏記(의식 순서)

① 주혼영서우문외(主婚迎壻于門外:주인은 문 밖으로 나가 신랑을 맞아들 인다.)

② 신랑읍양이입(新郎揖讓而入:신랑은 읍하고 안으로 들어간다.)

③ 시자집안이종(侍者執雁而從:시자는 기러기를 가지고 신랑을 자리로 안 내한다.)

④ 신랑취전현소(新郎就奠睍所:신랑이 전안상奠雁床앞으로 간다.)

⑤ 신랑북향궤(新郎北向跪:신랑은 북쪽을 향하여 무릎을 꿇고 앉는다.)

⑥ 신랑포안우좌기수(新郎抱雁于左基首:신랑은 기러기를 받아 머리가 왼 쪽으로 가게 앉는다.)

⑦ 치안우지(置雁于地:신랑이 기러기를 상 위에 올려 놓는다.)

⑧ 신랑흥(新郎興:신랑은 머리를 숙였다가 일어선다.)

⑨ 신랑소퇴재배(新郎小退再拜:신랑은 약간 뒤로 물러서서 두 번 절한다.)

⑩ 주혼시자수지(主婚侍者受之:신부집 식구가 기러기를 들어 안으로 가져 간다.)

다. 교배례交拜禮

　교배례는 신랑과 신부가 맞절하는 상견례相見禮로 순서는 다음과
같다.

　① 신랑취초례청(新郎就醮禮聽 : 신랑이 신부
를 향하여 바로 선다.)

　② 신랑동향립(新郎東向立 : 신랑이 동북쪽으로
약간 돌아서 외면하게 선다.)

　③ 무도부출포백포이행(姆導婦出布白布履
　　行 : 신부와 수모신부가 절하는 것을 도와주는
　　사람 — 흰천 위로 걸어나와 초례상 서쪽 앞으로
　　나와 선다.)

청자원앙새

　④ 신랑정면(新郎正面 : 신랑이 신부를 향하여 바로 선다.)

　⑤ 신랑신부궤(新郎新婦跪 : 신랑과 신부가 무릎을 꿇고 앉는다.)

　⑥ 진관진세, 신랑관우남, 신부관우북(進盥進洗, 新郎盥于南, 新婦盥于
　　北 : 신랑은 남쪽에 있는 세수대야 앞으로, 신부는 북쪽에 있는 세수대야 앞으
　　로 간다.)

　⑦ 관세집건(盥洗執巾 : 신랑 · 신부가 손을 닦는다.)

　⑧ 신랑신부흥(新郎新婦興 : 신랑 · 신부가 일어선다.)

　⑨ 신랑읍취석(新郎揖就席 : 신랑이 신부에게 읍을 하고 초례상 가까이 선다.)

　⑩ 신부선재배(新婦先再拜 : 신부가 신랑에게 먼저 두 번 절한다.)

　⑪ 신랑답일배(新郎答一拜 : 신랑은 한 번 답례한다.)

　⑫ 신부우재배(新婦于再拜 : 신부가 다시 두 번 절한다.)

　⑬ 신랑우답일배(新郎于答一拜 : 신랑이 다시 한 번 절한다.)

⑭ 신랑읍신부각궤좌(新郎揖新婦各跪座:신랑이 신부에게 읍하고 각각 앉
  는다.)

⑮ 시자진찬(侍者進饌:시자수모가 술잔을 신랑에게 준다.)

⑯ 시자각침주(侍者各斟酒:시자가 잔에 술을 부어 준다.)

⑰ 신랑읍신부제주거효(新郎揖新婦祭酒擧肴:신랑은 읍하고 술을 땅에 조
  금 붓고 안주를 젓가락으로 집어 상 위에 놓는다.)

⑱ 우침주(又斟酒:시자가 신랑·신부 술잔에 다시 술을 부어 준다.)

⑲ 신랑읍신부거음부제무효(新郎揖新婦擧飮不祭無肴:신랑은 읍하고 술
  을 마시고 안주를 젓가락으로 집어 먹는다. 신부는 술을 마시되 안주를 먹지
  않는다. 이때는 부제不祭라 먼저번처럼 술을 땅에 따르지 않는다. 술을 땅에
  따르는 의식은 지신地神에게 올리는 일종의 제사이다.)

라. 합근례合졸禮 · 근배례졸拜禮

신랑과 신부가 서로 술잔을 나누는 의식을 말한다. 백 년 가약을
맺는 서약의 뜻과 기쁨을 같이하는 합환合歡의 뜻이 있다. 원래 표
주박 잔을 썼고, 청실 홍실로 묶었다. 표주박이 없으면 술잔을 사용
하기도 한다.

① 우취근서부지전(又取졸壻婦之前:표주박을 신랑·신부에게 준다.)

② 시자각침주(侍者各斟酒:시자가 표주박에 술을 각각 붓는다.)

③ 교배상호서상부하(交盃相互壻上婦下:신랑의 표주박은 상 위로, 신부의
  표주박은 상 밑으로 넘겨 준다.)

④ 각거음부제무효(各擧飮不祭無肴:신랑·신부는 서로 바꾼 잔으로 술을
  마시되, 땅에 기울여 쏟지 않고不祭, 안주도 들지 않는다.)

⑤ 예필철상(禮畢撤床:예를 끝내고 상을 치운다.)

⑥ 각종기소(各從其所:신랑 신부 각각 처소로 돌아간다.)

이상으로 합근례를 마침으로써 혼례식이 다 끝난다. 오늘날의 혼례 의식과 다른 점은 크고 작은 일을 모두 사당에 고한다는 사실과, 보내고 맞는데 있어서 항상 일정한 서식書式을 매개로 한다는 것이다.

사당에 고한다는 것은 일종의 종교적인 행사로 생명의 근원을 조상祖上에게서 찾는다. 따라서 혼인은 조상의 생명을 연속시키고 나아가서는 자연의 생생生生의 이법理法을 실현하는 것으로 생각한다. 그리고 서식이나 의식이 복잡하고 형식적이기는 하나 그 속에 깃들인 정신을 잘 음미해 보면 인정의 절실함이 있고, 우리 의식의 엄숙성嚴肅性을 새삼 실감할 수 있다.

현대 사회에서 전통혼례를 치르는 경우를 종종 볼 수 있는데, 이는 전통을 계승하려는 의지로 간주해 볼 때 앞으로도 널리 보급·확산시켜야 할 아름다운 풍속이다. 현대의 전통혼례 역시 위와 같이 의혼·납채(사주)·연길·납폐·친영의 풍속을 그대로 따르는 것이 바람직하다. 요즘은 신식혼례에 있어서도 의혼, 납채(사주), 연길, 납폐의 예에 따라 혼인을 준비하는 것을 볼 수 있다.

마. 초례상醮禮床 · 대례상大禮床

초례 지내는 곳은 초례청이라고 한다. 초례상 차림은 촛대 한 쌍, 송죽松竹 두 꼬지, 백미白米 두 그릇, 닭 한 자웅, 청실 홍실을 걸친다. 신랑·신부 앞에는 술상을 놓고, 옆에는 세숫대야와 수건을 준비한다.

● 전통 혼례복

남자(신랑) : 관복, 사모관대, 목화

여자(신부) : 노랑색 삼회장 저고리, 청색 스란치마, 홍색 스란치마, 원삼, 족두리, 봉띠, 앞댕기, 도투락 댕기, 비녀, 연지, 곤지

한쌍의 원앙과 청매화

6. 폐백幣帛

혼례식을 마친 후 신부가 신랑집에서 행하는 의식으로 시부모와 시댁 가족을 처음 뵙는 상견례 절차를 폐백례 또는 현구고례見舅姑禮라고 한다. 폐백의식은 현재에도 계속해서 지켜나가고 있는 전통 풍습 중의 하나로 혼례의식만큼이나 중요한 절차이다. 그러므로 올바르게 알고 실행해야 한다.

먼저 폐백음식은 시아버지에게는 대추, 시어머니에게는 편포나 육포를 쓴다. 대추는 홍색 보자기에 싸서 왼쪽(시아버지 앞)에 놓고, 편포나 육포는 청색 보자기에 싸서 오른쪽(시어머니 앞)에 놓는다. 시아버지는 신랑 신부의 절을 받고 신부에게 대추를 내리며 첫아들을 낳으라고 말한다. 간혹 대추를 시어머니나 다른 가족이 던지는 경우가 있는데, 이 대추는 시아버지가 내리는 것이 원칙이다.

시어머니는 육포를 어루만지면서 시부모 바로 섬기는 도리, 형제, 친척 간에 화목하는 도리, 자식을 올바르고 훌륭하게 키워 가르치는 도리 등의 덕담을 한다. 육포를 어루만지는 것은 며느리를 보호하고 사랑하는 의미에서다.

예전에는 시아버지는 도덕교육에 대한 지침서나 족자 등을 하사했고, 시어머니는 대대로 물려받은 집안의 상징적인 보석(여러 가지 쌍가락지)를 염낭에 넣어 내리기도 했다. 흔히 보면 시부모나 그 외 가족이 절값이라는 명목으로 돈을 놓는 경우가 있는데 이는 잘못된 폐습이다.

옥지조

폐백 준비물

① 육포 : 쇠고기 대접살 7~10근

② 대추 : 7~10되

③ 실백實柏 : 3홉

④ 술 : 1병, 술병 주머니

⑤ 쟁반 : 지름20~25cm 둥근 쟁반 2개

⑥ 청·홍색 두 겹 보자기(90×90cm) : 2장

⑦ 술 주전자나 호리병 : 1개

⑧ 술잔과 잔대 : 각각 2벌씩

⑨ 명주실 : 청색, 홍색

⑩ 간지 : 흰색 간지(15×15cm) 2장

⑪ 예탁 : 4인용이나 6인용 큰 상 1개, 사각상, 곁상 1개

⑫ 예탁보(큰상보):홍색, 청색의 두 겹 보자기(180×130cm) 1개

⑬ 곁상보(60×60cm) : 1개

만드는 법과 보자기에 싸는 법

〈대추 폐백〉

① 대추 : 냉수에 세 번쯤 비비지 말고 살살 씻어 소쿠리에 건져
　물기를 걷는다.

② 양푼에 옮겨 정종을 한 홉 가량 부어 골고루 섞어 따뜻한 곳에
　두툼하게 덮어 5~7시간 정도 싸두고 가끔 뒤집어야 한다. 대
　추는 정한 것으로 골라 붉은실紅絲로 꿴다.

③ 실백 : 대추와 같이 길이로 꿴다.

④ 준비가 다 되었으면 둥근 쟁반에[盤器]에 중앙에서부터 틀어

서 위가 높게 소복이 쌓아 올린 후 실백으로 둥글게 틀어 올려 보기 좋게 장식한다.

⑤ 준비된 청홍보자기에 싼다. 보자기는 청색을 안쪽으로, 홍색을 겉쪽으로 두 겹으로 박고, 네 귀에 연두나 초록 술(수술)을 달고, 또 금전지로 둥글게(하트모양) 재단하여 붙여 박는다.

⑥ 홍색이 겉으로 나오게 대추를 보자기에 싸서 귀를 맞춘 후 묶지 않고 간지(15×15cm)에 근봉謹封이라고 써서 둥글게 말아 보자기의 귀를 꿴다. 네 귀는 다시 꽃모양으로 술이 밑으로 늘어지도록 아름답게 펴서 접으면 전체가 홍색이고 위에서 접힌 부분은 청색으로 보인다. 네 귀에는 황색 금지, 술은 녹색, 간지는 흰색, 근봉 글씨는 흰색 간지에 검은색 등이 어우러져 오채색, 또는 오방색이 아름다운 조화를 이루면서 의미 있는 폐백 예단이 된다.

〈편포 폐백〉

쇠고기 대접살을 갈아 소금, 후추, 마늘, 생강 등으로 조미하여 2등분 한 다음 둥글게 타원형으로 빚은 것을 싸서 통풍이 잘 되는 곳의 공중에 달아 매어 꾸둑꾸둑하게 말린 다음 실백가루를 고기색이 보이지 않도록 골고루 뿌려 놓고 삼색 간지로 돌린 후 쟁반에 담는다. 주로 겨울에 사용하면 좋다.

〈육포 폐백〉

① 쇠고기 대접살을 20×10cm 크기와 0.3cm 두께로 저며서 도마에 놓고 가볍게 두들겨 고기를 연하게 손질한다.

② 간장에 참기름·정종을 배합하여 고기에 바른 후, 채반에 널어 꾸둑꾸둑할 때 손바닥에 놓고 두세 번 두들겨서 손질한다.

색은 대추색처럼 검은 자색으로 광택이 난다.

③ ②의 육포를 2등분하여 각각 청홍실로 묶고 중앙에는 황색실
　로 묶어서 쟁반에 가지런히 담는다.

④ ③을 준비된 청홍보에 싸는데 홍색이 안으로, 청색이 겉으로
　나오게 싸서 놓는다. 방법은 대추와 같다.

폐백 상차림

① 화문석을 깔고, 병풍을 치고, 방석을 두 개 배치하고, 예탁 큰
　사각상을 놓은 후 붉은 예탁보를 덮는다.

② 예탁 위에 폐백 대추는 왼쪽(시아버지) 앞에 놓고, 육포나 편포
　는 오른쪽(시어머니) 앞에 놓는다.

③ 곁상은 큰상 앞에 놓고 붉은 보자기를 덮은 다음, 술잔과 잔대
　를 각각 두 벌을 놓고, 술주전자나 호리병은 오른쪽에 놓는다.

신랑 · 신부 복식

(가) 신랑 복식

바지, 저고리, 조끼, 마고자를 입고, 그 위에 관복을 입는다. 관대
를 두르고, 사모를 쓴 후 목화를 신는다.

(나) 신부 복식

청색 스란치마는 정상으로 입고, 홍색 스란치마는 앞이 25cm 정
도 올라가도록 입은 다음, 노랑 삼회장 저고리를 입고, 활옷을 입는
다. 그리고 모은 두 손 위에 세 마 길이의 한삼을 두르고, 머리에는
칠보단장생쪽 · 용잠 · 앞 댕기 · 도투락댕기를 갖추고 화관을 쓰
며, 얼굴에는 연지와 곤지를 찍는다.

(다) 수모의 의상

청색 치마에 옥색 저고리를 입는다.

절 받는 순서

절 받기 전에 시어머니는 폐백 보자기를 풀어 놓는다.

① 폐백절은 큰절 네 번이다.

② 시부모님은 병풍 앞에 앉는다.

③ 신부는 복장을 갖춘 차림으로 앞에 서고 양쪽에 수모가 선다.

④ 절 받는 순위는 다음과 같다.

○ 제 1순위 : 시부모이며, 절을 받고 시아버지가 대추를 던져 주며 첫아들을 낳으라고 말한다. 이 대추는 신혼여행을 가서 부부夫婦가 먹는다.

○ 제 2순위 : 시조부모 계열

○ 제 3순위 : 큰아버지, 큰어머니, 작은아버지, 작은어머니, 당숙부모, 고모와 당고모 등 동계열 여러 어른

○ 제 4순위 : 시아주버니 및 시아주버니와 같은 항렬 남자 모두

○ 제 5순위 : 큰 동서. 시누이. 사촌 누이. 육촌 누이 등 동계열 모두에게 하며 4순위와 5순위는 맞절을 한다.

○ 제 6순위 : 조카들이 먼저 한번 절하면 신부가 답배한다.

신식 혼례

○ 의혼

신식 혼례는 중매혼도 많지만 연애혼이나, 중매와 연애를 절충한 혼인도 행해지고 있다. 중매혼이라 하더라도 신랑과 신부가 맞선

을 보고 혼인을 결정하고 있다.

　전통혼례는 신랑집에서 사주를 보내고 신부집에서 이것을 받으면 혼인 계약이 성립되지만, 신식 결혼에서는 양가의 가까운 친척들이 정해진 장소에 모여 약혼식을 거행하기도 한다. 약혼식은 양가의 친척들이 처음 만나는 자리이기 때문에 중매인이나 양가를 잘 아는 사람이 사회를 본다.

　사회자는 양가의 친척을 소개하고, 신랑 신부를 소개한다. 다음에는 신랑 혼주가 신부 혼주에게 사주와 예물을 전달한다.

7. 상례喪禮

　사람이 운명殞命하려 하면 운명할 자리에 옮겨 드리고 주위를 조용하고 편안하게 한 후 초종初終에 대비한다. 운명할 때 여자가 남자의 손을 잡아주는 것이 아니며, 마찬가지로 남자가 여자의 손을 잡아 주는 것 또한 아니다. (남자불절어부인지수 부인불절어남자지수男子不絶於婦人之手 婦人不絶於男子之手) 운명하기 전에 조용히 새 옷을 입히고, 운명한 뒤에는 흰 천을 덮은 뒤 곡哭을 한다.

　지금은 대개의 경우 병원 영안실에서 이루어지고 있는데, 이때 가족들이 입회하는 것이 마땅할 것이다.

　고복皐復이란 망자의 윗옷上衣을 가지고 높은 곳에 올라가 북쪽을 향하여 죽음을 알리는 것을 말한다. 그 요령은 남자는 '아무개씨 복!' 외치고, 여자는 '아무 댁 복!' 하고 죽음을 알린 다음 망인을 덮어 준다.

그러나 지금은 옛 풍속의 기록으로 남아있을 뿐이다.

(1) 염습殮襲

습이란 향나무를 끓인 물로 시체屍體를 씻는 것을 말한다. 남자의
시체는 남자가, 여자의 시체는 여자가 습襲한다.

오늘 날에는 전문인인 장의사가 도맡아 하는데 근자에는 여자 장
의사가 있는 곳도 있다.

습을 할 때 향나무가 아닌 가을 차茶잎을 삶아서 쓴다면 우선 시
체에서 풍기는 냄새와 주변의 잡스러운 내음까지도 없앨 수 있다.
또 차잎이나 뽕나무를 삶아 그 물로 염殮을 하면 여름에 시체의 부
패를 방지할 수 있다. 시신의 입에도 쌀과 작설차雀舌茶를 섞어 채
운다면 아름답지 않을까 한다.

《예기 단궁檀弓》에서 말하기를, '차마 입이 비어 있게 하지 못하
여 이 맛있고 깨끗한 물건으로 채우는 것이다' 라고 하였다. 깨끗하
기로 차茶와 쌀 같은 것이 없으니 입에 물리는 것은 향기 그윽한 작
설의 고운차가 좋을 것이다. 특히 화장火葬을 할 시에는 그 효력이
더욱 넘칠 것이다.

(2) 수의壽衣

수의는 빈부의 차이에 따라 일치하지는 아니하나 수의 가지 수는
남자 24가지, 여자는 22가지로 다음과 같다.

1) 남자의 수의

속바지 · 속저고리 · 바지 · 저고리 · 버선 · 대님 · 허리띠 · 두루마기 · 도포 · 도포띠 · 행전 · 토수 · 악수(시체의 손을 싸는 헝겊) · 면목 · 복건 · 두건 · 충이(귀를 막는 솜) · 신 · 오낭주머니(머리털, 손톱, 발톱을 넣는 주머니) · 함영(턱받침) · 베개 · 소렴금(시체를 싸는 이불) · 대련금(소렴 후에 다시 덧싸는 이불) · 지금(요) · 천금(이불) · 속포(맬끈)

2) 여자의 수의

속바지 · 속치마 · 속저고리 · 치마 · 저고리 · 버선 · 허리띠 · 원삼(활옷) · 띠 · 악수 · 명목 · 족두리 · 충이 · 신 · 오낭주머니 · 베개 · 소렴금 · 대련금 · 지금 · 천금 · 함영 · 속포

상례에서 비교적 전통이 잘 지켜져 온 것 중에 하나가 수의壽衣를 들 수 있는데 수의를 거친 베로 짓는 것은 '최초를 근본으로 하기 때문이다.'라고 하였다.(여기서 최초란 풀잎이나 줄기로 길삼하여 만든 삼배처럼 거친것)

• 대렴大殮은 소렴 다음 날, 죽은 후 3일 만에 시신을 완전히 싸서 관에 넣는 절차다. 관 밑바닥에 칠성판七星板을 깔고 그 위에 지금 요를 깐 다음 그 위에 시신을 누인 후, 천금이불을 덮는다. 이때에 오낭五囊도 넣고 평소에 애완愛玩하던 물건도 함께 넣는다. 관의 틈에 백지나 베를 채워 시신이 움직이지 않도록 한다.

시신이 움직이지 않도록 하기 위해 요즘은 휴지 등을 쓰는데 가을에 수확한 거친 차잎을 베갯뭉치로 만들어 휴지나 옷 대신 쓴다면 죽은 영혼이 두고 두고 행복할 것이며, 자손 또한 번창과 행운을 누릴 것이다. 그것은 오염된 땅도 진기眞氣를 북돋아 주기 때문이다.

• 영좌靈座는 염이 끝나면 교의제사 때 신주를 모시는 다리가 긴 의자에 사진이나 지방을 써서 혼백을 모시는 것을 말한다.

• 명정銘旌은 염이 끝나면 폭 1척 5천, 길이 7척의 붉은 명주에 흰 글씨로 고인의 벼슬 이름과 본관, 성씨를 써서 세운다.

• 성복成服은 염이 끝나면 명정을 세우고 영좌를 배설하며 상주 이하 여러 복인이 상복을 입고 영좌 앞 제수를 진설한 곳에 분양하고 단잔으로 행사한다. 이것은 1973, 5, 17일 가정의례준칙으로 간소화한 일부의 의식이다.

발인제가 끝나고 장지로 행하기 전, 노제, 반우제返虞祭를 올릴 때는 모두 점다點茶를 올린다. 위령제는 매장이나 화장이 끝나면 간단한 제수를 차려놓고 분양과 축문 읽기와 배례를 한다.

3) 축문

○ 토지신에게 고하는 축문

○ 동강선영 축문同剛仙塋祝文

○ 노제 때 읽는 축문

○ 후토 지신 때의 축문

○ 초헌 축문

○ 졸곡(죽은 석 달 뒤 정일丁日이나 해일亥日에 지내는 제사) 때 읽는 축문

○ 삼우제를 지낸 뒤에 지내는 제사 축문

4) 조문弔問과 위문慰問

부모가 작고한데 대한 인사를 조문이라고 하고, 조부모 또는 내외제 등의 상에 대한 인사는 위문이라고 한다. 상주에게 조문할 때

에는 망인의 염이 끝나고 상주가 성복을 했을 때는 조객이 영좌 앞에서 조상하고 나서 재배한 다음 상주의 자리에 와서 절을 받고 조객은 답배한다. 만약 상주가 성복전이라면 망인의 염이 끝나지 않았으니 이 때는 영좌 앞에서 머리 숙여 조상하고 경건하게 물러나와서 상주 앞에 꿇어 앉아 인사하고 일어나는 것으로 절은 하지 않는다.

(3) 초상(염)

1) 현대식 염과 차

현대의 상례喪禮는 옛날과는 다르다. 지금은 유교도 아니요, 불가의 의식도 아니며, 극히 일부분만이 남아 있는 형식을 장의사가 주도하여 이끌어 가는 형편이다.

누구나 한번은 가는 길인데도 상례에 관해서는 상식 밖의 일로 무관심에서 머물고 있다. 지금 이 글을 쓰고 있는 필자도 무심하기는 마찬가지이지만 오랜 세월 동안 차를 즐기다 보니 익히게 된 상례 전체가 아닌 극히 일부인 염습(殮襲:시신을 목욕시켜 다루는 일)에 관한 것만을 들어 설명하고자 한다.

사람이 죽으면 곧 염습을 하는데 옛날에는 기장[梁潘] 뜨물과 쌀[米潘]과 단향檀香을 끓여서 그 물로 시신의 머리와 몸을 씻겼는데 지금은 소독약으로 닦는다. 소독약으로 하는 것도 나쁘지는 않으나 그보다도 더 좋은 것은 중차中茶 약 300g과 뽕잎200g 정도를 진하게 끓여 소독약을 대신한다면 시신에서 풍기는 냄새도 없애고, 장례의식 동안의 부패도 방지해 줄 것이다. 또한 그 주변이 차향으

로 가득히 풍겨 주변이 아름답고 문상객들도 마음의 안정을 누리
게 되고 죽은 이의 혼백도 기뻐할 것이다.

목욕을 시킨 다음 수의壽衣를 입히고 베개를 베어주는데 수의는
명주·안동포·삼베 등으로 만든다. 요즈음에는 한지 수의가 나와
화제가 되었는데 여기에 덧붙여 한지에 찻물을 들이거나 닥종이처
럼 찻잎을 뿌린 한지를 수의로 만든다면 더욱 좋을 듯 싶다.

그리고 베개는 말린 차꽃이나 국화꽃에 차잎을 섞어 만든다면 우
선 땅에 묻었을 때 땅에 있는 잡 벌레가 범접하지 못하며 시신 주변
의 흙의 진기瞋氣가 훈훈한 온기溫氣로 바뀌어 시신이 빨리 삭아 소
멸된다는 설이 있다. 만약 불가의식으로 화장火葬을 한다면 더없이
깨끗하며 향기가 진동할 것이다.

다음은 입과 코와 귀를 막아주고, 입에는 쌀을 넣어 주는데 이것
은 다음(내세)에 태어날 때에는 천석꾼이나 만석꾼이 되라고 하는
염원이라고도 하고, 죽어서도 배고프지 말라고 하는 방패막이라고
도 한다. 그런데 생전에 차를 즐겼던 사람은 차와 쌀을 혼합하여 입
에 물리는 것도 좋을 것이라 생각된다. 또 차를 입에 넣어주면 입에
서 가장 빨리 생기게 되는 벌레를 예방하는 것이 되니 반드시 차를
물리는 것이 좋을 것이다. 특히 여름에는 더없이 필요한 조치가 될
것이다.

입에 물리는 차는 세작인 고급차를 쓰는 것이 보기에도 좋고 상
주들의 마음도 편안하며 죽은 사람도 배고픔과 목마름이 없을 것
이니 일석이조가 아닐까 싶다.

입관이 끝나면 시신이 움직이지 않도록 고정시켜야 하는데 옛날
에는 죽은이의 입성(옷)이나 부자일 경우는 필목 등으로 괴어 주었

다. 지금은 상여喪輿를 메고 가지 않으니 그다지 염려하지 아니하여도 되겠지만 관 속에 틈이 있으면 운구할 때 덜커덕거려 좋지 않으므로 고정시키는 것이다. 그런데 그 재료로 휴지뭉치나 약솜 등을 쓴다. 그러나 이것도 가을 찻잎을 잘 말려 길이 25cm, 넓이 20cm 정도 되는 주머니(5~10개)에 넣어 괴어 묻어주면 시체 주변의 흙도 정화하는 역할을 하게 될 것이다.

근래에는 화장이 유행하고 있는 바, 불가를 제외하고는 대부분 전기로 한다. 때문에 여기에는 해당되지 않겠으나 불가佛家에서는 화장을 할 때 장작만을 쓴다. 그런데 그때 장작 사이 사이에 늙은 뽕나무나 차나무 가지 등을 다발로 만들어 태운다면 온 골안이 싱그러워질 뿐만이 아니라 그곳에 참가한 모든 사람들까지 가신 분의 아름다운 향기를 느끼게 될 것이다. 그래서 방금 탈골한 스님을 천년학이 벗하려 할 것이니 화장하는 상례도 한 폭의 아름다운 그림이 될 듯 싶다.

8. 제례祭禮

재계齋戒는 몸과 마음을 깨끗이 하는 것으로서 산재散齋는 7일간, 치제致齊는 3일간 재계하는 것을 뜻한다. 이 기간 동안에는 목욕하고 새 옷을 갈아입고, 술을 삼가며, 마늘과 파 등의 자극성 음식을 피하는 것이다.

제사에는 다음과 같은 종류가 있다.

사례편람四禮便覽에 나타나 있는 우리나라의 대표적인 제례로 사당제祠堂祭・사시제四時祭・기일제忌日祭・이제禰祭・묘제墓祭의 다섯 가지로 구분되어 있고, 그밖에 행해지는 제례로는 사갑제祀甲第・생신제生辰祭・연중절사年中節祀가 있다.

또 흉제凶祭라고 하면 상중喪中의 소상小祥・대상大祥・담제禪祭 및 길제吉祭까지의 제사를 말하는데 영좌靈座가 산에서 반혼返魂(죽은 사람의 혼을 집으로 불러들임)하여 탈상할 때까지의 제사를 말한다. 이밖에 천신薦新이 있는데 천신은 철따라 나오는 햇곡식으로 만든 음식이나 과일 등을 사당에 올리는 것을 말한다.

- 소상小祥 : 죽은 지 한 돌만에 지내는 제사
- 대상大祥 : 죽은 지 두 돌 되는 제사
- 담제禪祭 : 대상을 치른 다음 다음 날 정일丁日에 지내는 제사
- 길제吉祭 : 죽은 지 27개월만에 지내는 제사

(1) 진설陳設

제주가 제상을 바로 보아 오른쪽을 동東, 왼쪽을 서西로 친다. 진설의 순서는 맨 앞줄에는 과일, 둘째 줄에는 포와 나물, 셋째 줄에는 메(제삿밥)와 갱국을 차례대로 놓는다.

가정의례준칙에 의한 진설도

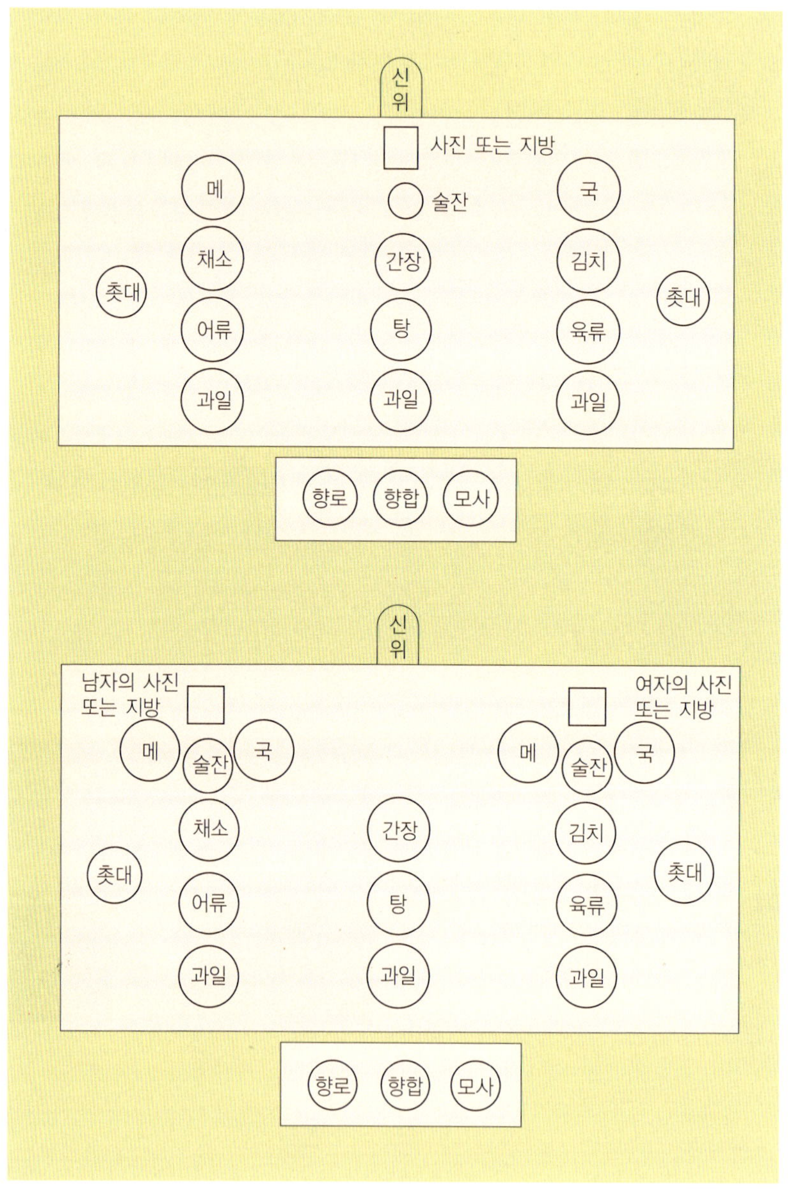

율곡 선생 격몽요결 제찬도

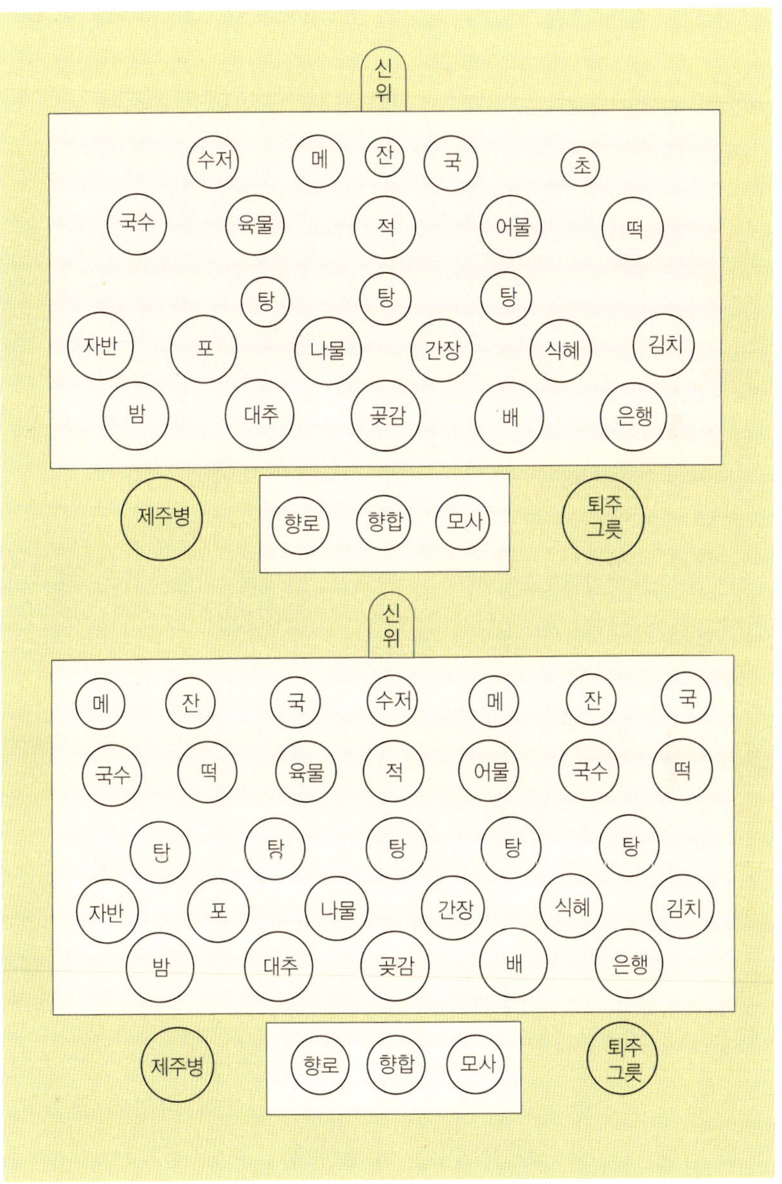

<진설 십훈十訓>
① 조율시이棗栗柿梨 : 왼쪽에서부터 대추·밤·감·배의 순으로
　　　　　　　　놓는다.
② 홍동백서紅東白西 : 붉은 과일은 동쪽, 흰 과일은 서쪽에 놓는다.
③ 생동숙서生東熟西 : 날음식(김치)은 동쪽, 익힌 음식은 서쪽에
　　　　　　　　놓는다.
④ 좌포우혜左脯右醯 : 포는 왼쪽, 식혜는 오른쪽에 놓는다.
⑤ 어동육서魚東肉西 : 생선은 동쪽, 육류는 서쪽에 놓는다.
⑥ 두동미서頭東肉西 : 생선의 머리는 동쪽, 꼬리는 서쪽에 놓는다.
⑦ 건좌습우乾左濕右 : 마른 것은 왼쪽, 젖은 것은 오른쪽에 놓는다.
⑧ 접동잔서楪東盞西 : 접시는 동쪽, 잔은 서쪽에 놓는다.
⑨ 우반좌갱右飯左羹 : 메는 오른쪽, 국은 왼쪽에 놓는다.
⑩ 남좌여우男左女右 : 제상의 왼쪽은 남자老位, 오른쪽은 여자의
신위를 놓는다.
제찬도祭饌圖 1. 2. 3.
①가정의례 준칙에 의한 단설도
②율곡선생 격몽요결 제찬도

　1) 강신례降神禮

제주가 제상 위에 지방을 모시고 향불을 피우고 난 다음 재배하
고 꿇어앉는다. 그리고 집사가 올리는 잔을 받는데 왼손으로는 잔
대를 받고, 오른손으로는 술잔을 받아 모사그릇에 나누어 술을 지
우고, 잔대는 집사에게 건네주고 재배한다.

2) 참신례參神禮

제관이 모두 신위 앞에 차례로 서는데 남자는 동쪽, 여자는 서쪽에 선다. 절을 남자는 재배하고 여자는 4배를 한다. 요즈음은 여자도 2배만 하여도 무방하다.

3) 초헌례初獻禮와 독축讀祝

제주가 고위考位와 비위妣位 순서로 잔을 올린다. 메 뚜껑을 열어 놓고 시저(수저)를 시저받침 위에 걸쳐 놓는다. 다음 제주가 신위 앞에 꿇어 앉아 부복하면 축관이 제주 좌측에서 제주를 향해 꿇어 앉아 독축(축문이나 재문을 읽는 것)한다. 이때 여러 제관도 모두 부복한다.

독축이 끝나면 제주는 일어나 재배한 후 제 자리에 서고 여러 제관들도 함께 일어나 제 자리에 선다. 이때 여러 제관이 주인과 같이 재배하기도 한다. 이는 가례에는 없으나 공경하는 뜻이 담겨 있으므로 실례가 되지 않는다.

집사는 신위 앞에 올린 잔을 거두어 퇴주하고 다시 그 자리에 올려놓는다.

〈초헌 축문〉

維歲次干支 幾月干支朔 幾日干支 孝玄孫 某官 某 敢昭告于 顯高祖考某官府君

유세차간지 기월간지삭 기일간지 효현손 모관 모 감소고우 현고조고모관부군

顯高祖妣某封某氏 氣序流易 時維仲春 追感歲時 不勝永慕 敢以

淸酌庶羞

　현고조비모봉모씨 기서류역 시유중춘 추감세시 불승영모 감이
청작서수

　祇薦歲事 以某親某官府君 某親某封某氏 祔食 尙饗

　지천세사 이모친모관부군 모친모봉모씨 부식 상향

　[풀이]

○○해 ○○달 ○○날 현손 ○○는 감히 고조부모님 두 어른의
영전에 아뢰옵니다. 계절이 차례로 바뀌고 흘러가 지금 봄이 한창
이온데, 영원토록 추모하는 마음 간절하여 술과 여러 가지 음식으
로 공경하여 세사歲事를 올리오니 ○○어른과 ○○비 어른은 함께
흠향하소서.

4) 아헌례亞獻禮

두 번째 잔은 주부가 올리고 4배 한다. 피치못할 사정으로 주부가
아헌하기 어려울 때는 제주의 장남이나 그 다음의 가까운 친척이
초헌과 같이 잔을 올리고 재배한다.

5) 종헌례終獻禮

종헌은 아헌자 다음 가는 근친자가 아헌과 같이 잔을 올리고 재
배한다.

〈조부모祖父母의 기제 축문〉

　維歲次干支 幾月干支朔 幾日干支 孝孫 某 敢昭告于 顯祖考某官
府君 歲序遷易

유세차간지 기월간지삭 기일간지 효손 모 감소고우 현조고모관 부군 세서천역

諱日復臨 追遠感時 不勝永慕 謹以淸酌庶羞 恭伸奠獻 尙饗

휘일부림 추원감시 불승영모 근이청작서수 공신전헌 상향

[풀이]

○○해 ○○달 ○○날 효손 ○○는 감히 밝게 아뢰옵니다. 해가 바뀌어 할아버지 돌아가신 날이 다시 돌아오니 영원토록 사모하는 마음을 이기지 못하겠나이다. 술과 여러 가지 음식을 올리오니 흠향하소서.

〈부모父母의 기제 축문〉

維歲次干支 幾月干支朔 幾日干支 孝子 某 敢昭告于 顯考某官府 君 歲序遷易 諱日復臨

유세차간지 기월간지삭 기일간지 효자 모 감소고우 현고모관부 군 세서천역 휘일부림

追遠感時 昊天罔極 謹以淸酌庶羞 恭伸奠獻 尙饗

추원감시 호천망극 근이청작서수 공신전헌 상향

[풀이]

○○해 ○○달 ○○날 효자 ○○는 감히 밝게 아뢰옵니다. 해가 바뀌어 아버지 돌아가신 날이 다시 돌아오니 슬픔을 이기지 못하여 삼가 맑은 술과 여러 가지 음식을 올리오니 흠향하소서

<남편의 기제 축문>

維歲次干支 幾月干支朔 幾日干支 主婦 某 敢昭告于

유세차간지 기월간지삭 기일간지 주부 모 감소고우

顯辟某官府君 歲序遷易 諱日復臨 追遠感時 不僧感愴 謹以淸酌
庶羞 恭伸奠獻 尙饗

현벽모관부군 세서천역 휘일부림 추원감시 불승감창 근이청작
서수 공신전헌 상향

[풀이]

○○해 ○○달 ○○날 아내 ○○는 감히 밝게 아뢰옵니다. 해가
바뀌어 당신의 돌아가신 날이 다시 다가오니 슬픈 마음을 이기지
못하여 삼가 맑은 술과 여러 가지 음식을 공손히 올리오니 흠향하
소서.

<아내妻의 기제 축문>

維歲次干支 幾月干支朔 幾日干支 夫某 敢昭告于 亡室某封某氏
歲序遷易 亡日復至

유세차간지 기월간지삭 기일간지 부모 감소고우 망실모봉모씨
세서천역 망일부지

追遠感時 不自勝感 玆以淸酌庶羞 伸此奠儀 尙饗

추원감시 불자승감 자이청작서수 신차전의 상향

[풀이]

○○해 ○○달 ○○날 남편 ○○는 감히 밝게 아뢰옵니다. 당신
의 돌아가신 날이 다시 돌아오니 슬픈 마음을 이기지 못하여 여러
가지 음식을 올리니 흠향하소서.

〈형兄의 기제 축문〉

維歲次干支 幾月干支朔 幾日干支 弟某 敢昭告于 顯兄某官府君
歲序遷易 諱日復臨

유세차간지 기월간지삭 기일간지 제모 감소고우 현형모관부군
세서천역 휘일부림

情何悲痛 謹以淸酌庶羞 恭伸奠獻 尙饗

정하비통 근이청작서수 공신전헌 상향

[풀이]

세월이 흘러 형님의 제삿날을 다시 맞으니 형제지간의 정분으로
비통한 마음 한량 없습니다. 이제 삼가 맑은 술과 여러 가지 음식을
차려 공손히 올리오니 응감하소서.

〈아우弟의 기제 축문〉

維歲次干支 幾月干支朔 幾日干支 兄 告于 亡弟某 歲序遷易

유세차간지 기월간지삭 기일간지 형 고우 망제모 세서천역

亡日復至 情何可處 玆以淸酌庶羞 伸此奠儀 尙饗

망일부지 정하가처 자이청작서수 신차전의 상향

[풀이]

세월이 흘러서 아우의 죽은 날이 다시 돌아왔네. 형제 간의 정리
를 어찌할 바 몰라 맑은 술과 음식을 차려 놓았으니 응감하게.

〈아들子息의 기제 축문〉

維歲次干支 幾月干支朔 幾日干支 父 告于 亡子某 歲序遷易

유세차간지 기월간지삭 기일간지 부 고우 망자모 세서천역

亡日復至 心燬悲念 兹以淸酌庶羞 伸此奠儀 尙饗
망일부지 심훼비념 자이청작서수 신차전의 상향

[풀이]

너의 제삿날을 맞으니 아비의 비통한 마음 한량없이 이제 맑은
술을 차렸으니 응감하거라.

6) 유식侑食과 첨작添酌

종헌이 끝나면 제주가 술잔에 술을 조금씩 세 번에 나누어 잔을
가득 채우고 멧그릇에 수저를 꽂고 재배한다.

7) 합문闔門과 계문啓門

제관 일동이 밖으로 나가 문을 닫고 아홉 숟가락九食頃 먹을 동안
약 5~6분 동안 조용히 기다린다. 이때 남자는 동쪽에, 여자는 서쪽
에 선다. 시간이 되면 축관이 기침소리를 세 번 낸 뒤 문을 열고 제
주 이하 여러 제관이 들어간다.

8) 헌다獻茶

갱(국)을 내리고 숭늉을 올려 메를 세 번 떠서 숭늉에 만다. 여러
제관이 신위 앞에 엄숙하게 잠깐 꿇어앉았다 일어난다.

헌다獻茶는 차를 올린다는 것인데 지금은 차茶가 빠져 없어지고
헌다라는 말만 남아 있을 뿐이다. 지금이라도 차를 즐겨 드시거나
차를 좋아했던 분의 제사라면 살아생전과 같이 정성스럽게 헌다獻
茶하되 요령은 제주(술)를 올릴 때와 같이 한다. 이렇게 함으로서 그
동안 잃었던 우리의 귀중한 차문화가 복원되는 것이며, 제례 뒤에

축복을 받게 되리라고 믿어 의심치 않는다.

(2) 지방 서식 紙榜 書式

顯祖考學生府君 神位 顯祖妣孺人全州李氏 神位
현조고학생부군 신위 현조비유인전주이씨 신위

이것은 할아버지 제사의 지방인데 할머니는 전주 이씨였으며 할아버지는 벼슬을 하지 않은 예다.

할아버지가 판사判事를 지냈으며 판사부군이요, 참판參判을 지냈으면 참판부군이라 쓰며, 할머니가 정부인貞夫人이나 숙인淑人의 직첩을 받았으면 그대로 쓴다.

또 아버지는 현고顯考라 하고, 어머니는 현비顯妣라 쓰는 법이니, 생존시는 부父라 하고, 사후死後에는 고考라 하며, 어머니는 생존시에 모母라 하고, 사후에는 비妣라 한다.

또 벼슬하지 않은 남자는 학생學生이라 쓰고, 벼슬하지 아니한 사람의 부인은 유인孺人이라 쓴다.

〈고조부모高祖父母의 지방〉

顯高祖考某官府君 神位 顯高祖妣某封某氏 神位
현고조고고모관부군 신위 현고조비모봉모씨 신위

顯高祖考學生府君 神位 顯高祖妣孺人某貫姓氏 神位
현고조고고학생부군 신위 현고조비유인모관성씨 신위

〈증조부모曾祖父母의 지방〉

顯曾祖考某官府君 神位 顯曾祖妣某封某氏 神位

현증조고모관부군 신위 현증조비모봉모씨 신위

顯曾祖考學生府君 神位 顯曾祖妣孺人某氏 神位

현증조고학생부군 신위 현증조비유인모씨 신위

〈조부모祖父母의 지방〉

顯祖考某官府君 神位 顯祖妣某封某氏 神位

현조고모관부군 신위 현조비모봉모씨 신위

顯祖考學生府君 神位 顯祖妣孺人某氏 神位

현조고학생부군 신위 현조비유인모씨 신위

〈부모父母의 지방〉

顯考某官府君 神位 顯妣某封某氏 神位

현고모관부군 신위 현비모봉모씨 신위

顯考學生府君 神位 顯妣孺人某氏 神位

현고학생부군 신위 현비유인모씨 신위

〈백부모伯父母의 지방〉

顯伯父某官府君 神位 顯伯母某封某氏 神位

현백부모관부군 신위 현백모모봉모씨 신위

顯伯父學生府君 神位 顯伯母孺人某氏 神位

현백부학생부군 신위 현백모유인모씨 신위

〈숙부모叔父母의 지방〉

顯叔父某官府君 神位 顯叔母某封某氏 神位
현숙부모관부군 신위 현숙모모봉모씨 신위

顯叔父學生府君 神位 顯叔母孺人某氏 神位
현숙부학생부군 신위 현숙모유인모씨 신위

〈남편男便·처妻의 지방〉

顯辟某官府君 神位 亡室某封某氏 神位
현벽모관부군 신위 망실모봉모씨 신위

顯辟學生府君 神位 亡室孺人某氏 神位
현벽학생부군 신위 망실유인모씨 신위

〈형兄·형수兄嫂의 지방〉

顯兄某官府君 神位 顯兄妣某封某氏 神位
현형모관부군 신위 현형비모봉모씨 신위

顯兄學生府君 神位 顯兄妣孺人封某氏 神位
현형학생부군 신위 현형비유인봉모씨 신위

〈아우弟와 자식子息의 지방〉

亡子學生(이름)神位 亡弟學生(이름)神位

(3) 제례 축문 서식

〈외출할 때 읽는 고사〉

某 將適某所 敢告

모 장적모소 감고

[풀이]

○○는 장차 ○○에 가겠으므로 감히 아룁니다.

〈돌아왔을 때 읽는 고사〉

某 今日歸自某所 敢見

모 금일귀자모소 감현

[풀이]

○○는 오늘 ○○에서 돌아왔으므로 감히 뵈옵니다.

〈묘제墓祭 때의 축문〉

維歲次干支 幾月干支朔 幾日干支 某親某官某 敢昭告于 顯某親
某官府君之墓

유세차간지 기월간지삭 기일간지 모친모관모 감소고우 현모친
모관부군지묘

氣序流易 雨露旣濡 瞻掃封榮 不勝感慕 謹以淸酌庶羞 祗薦歲事
尙饗

기서류역 우로기유 첨소봉영 불승감모 근이청작서수 지천세사
상향

[풀이]

　　○○해 ○○달 ○○날 ○○의 ○○벼슬을 한 ○○는 감히 밝게
○○벼슬을 한 어른의 묘에 아뢰옵니다. 계절의 기운이 흘러 바뀌
고, 비와 이슬이 내려 봉분을 적시기에 이것들을 쓸어내려 봉분을
보호하고자 합니다. 사모함을 이기지 못하여 삼가 맑은 술과 여러
가지 음식으로 제사를 드리오니 흠향하소서.

　　(4) 묘제墓祭

〈이제 때의 축문〉
　維歲次干支 幾月干支朔 幾日干支 孝孫 某官某 敢昭告于 顯考某
官府君
　유세차간지 기월간지삭 기일간지 효손 모관모 감소고우 현고모
관부군
　顯妣某封某氏 今以季秋 成物之始 感時追慕 昊天罔極 謹以淸酌
庶羞 祗薦歲事 尙饗
　현비모봉모씨 금이계추 성물지시 감시추모 호천망극 근이청작
서수 지천세사 상향
　[풀이]
　○○해 ○○날 ○○벼슬한 ○○는 감히 아뢰옵니다. 이제 가을도
깊어 만물이 결실하는 즈음에 아버님, 어머님의 정을 추모하는 마
음 이길 수가 없나이다. 세사를 천신하오니 흠향하소서.

〈이제 때의 하사嘏辭〉
　考命工祝 承致多福 于汝孝子 來汝孝子 使汝受祿 于天宜稼 于田

眉壽永年 勿替引之

　고명공축 승치다복 우여효자 내여효자 사여수록 우천의가 우전
미수영년 물체인지

　[풀이]

　아버지께서 공축에게 명령하여 많은 복을 주소서. 너희들은 가도
내 자식이요, 와도 내 자식이라 하서서 복록을 하늘에서 받게 하시
고, 곡식은 땅에서 알맞게 수확토록 하시며, 오래도록 복을 누리며
살게 하소서.

〈사갑제 축문〉

維歲次干支 幾月干支朔 幾日干支 孝子 某 敢昭告于 顯考某官府君

유세차간지 기월간지삭 기일간지 효자 모 감소고우 현고모관부군

顯妣某封某氏 歲時薦易 遼及回甲 生時有慶 歿寧敢忘 昊天罔極

謹以淸酌庶羞 祗薦歲事 尙饗

　현비모봉모씨 세시천역 요급회갑 생시유경 몰녕감망 호천망극
근이청작서수 지천세사 상향

　[풀이]

　○○해 ○○달 ○○날 효자○○는 아버님과 어머님의 영전에 아
뢰옵니다. 세월이 흘러 이제 회갑을 맞으시니 감회를 누를 수 없습
니다. 만일 부모님께서 살아계시다면 얼마나 경사롭겠습니까. 생
각할수록 죄스럽기 짝이 없어 이에 맑은 술과 여러가지 음식을 펴
놓고 삼가 사갑제를 올리니 흠향하소서.

〈생신제 축문 쓰는 법〉

維歲次干支 幾月干支朔 幾日干支 孝子 某 敢昭告于

유세차간지 기월간지삭 기일간지 효자 모 감소고우

[풀이]

○○해 ○○날 효자○○는 감히 밝게 부모님의 영전에 아뢰옵니다. 이제 생신을 맞으셨으니 살아 계시다면 얼마나 경사롭겠습니까. 그러나 돌아가셨다고 어찌 감히 잊겠습니까. 사모하는 마음을 이기지 못하고 감동됨이 넓은 하늘같이 다함이 없습니다. 삼가 맑은 술과 여러가지 음식으로 제사를 드리니 흠향하소서.

〈비석을 나중에 세울 때 읽는 축문〉

維歲次干支 幾月丁支朔 幾日干支 孝子 某 敢昭告于 顯考某官府君 伏以 昔行襄奉 儀物多厥 今至有年 謹具某物 用衛墓道 伏惟 尊靈 是憑是安

유세차간지 기월간지삭 기일간지 효자 모 감소고우 현고모관부군 복이 석행양봉 의물다궐 금지유년 근구모물 용의묘도 복유 존령 시빙시안

[풀이]

○○해 ○○날 효자○○는 돌아가신 아버님께 감히 밝게 아뢰옵니다. 이곳에 받들어 모셨을 때 의무를 빠뜨려 여러 해가 지난 지금에 와서야 삼가 ○○ 물건으로 산소를 호위케 하였습니다.

엎드려 바라건대 아버님께선 여기에 의지하여 편안하소서.

〈토지신에게 드리는 축문〉

維歲次干支 幾月干支朔 幾日干支 某官 某 敢昭告于 土地之神 今爲某官某公

유세차간지 기월간지삭 기일간지 모관 모 감소고우 토지지신 금위모관모공

墓儀未具 玆將某物 用衛神道 神其保佑 俾無後艱 謹以酒果 用伸虔告謹告

묘의미구 자장모물 용위신도 신기보우 비무후간 근이주과 용신건고근고

[풀이]

○○해 ○○달 ○○날 ○○벼슬을 한 ○○는 토지신께 감히 밝게 아뢰옵니다. 이제 ○○벼슬을 한 ○○공公의 묘의를 갖추지 못했다가 ○○물건某物으로 신도神道를 호위케 하였으므로 신께서는 후환이 없도록 보호하소서. 삼가 술과 과일로써 경건히 아뢰옵니다.

세시다례歲時茶禮

청화백자 용문 대반(접시)
높이 : 5㎝ / 구직경 : 29.5㎝ / 밑지름 : 19㎝

24절기와 양력의 비교

음력	양력	음력	양력
동지冬至 12월 22~23일 소한小寒 1월 6~7일	1월	하지夏至 6월 20일~21일 소서小暑 7월 6~7일	7월
대한大寒 1월 20일~21일 입춘立春 2월 4~5일	2월	대서大暑 7월 23~24일 입추立秋 8월 8~9일	8월
우수雨水 2월 19일~20일 경칩驚蟄 3월 5일~6일	3월	처서處暑 8월 23~24일 백로白露 9월 8~9일	9월
춘분春分 3월 21일~22일 청명淸明 4월 5일~6일	4월	추분秋分 9월 23~24일 한로寒露 10월 8~9일	10월
곡우穀雨 4월 20일~21일 입하立夏 5월 6일~7일	5월	상강霜降 10월 23~24일 입동入冬 11월 8~9일	11월
소만小滿 5월 21일~22일 망종芒種 6월 6~7일	6월	소설小雪 11월 22~23일 대설大雪 12월 7~8일	12월

고족배古足盃

제4장 세시다례歲時茶禮

(1) 정월 초하루

정월 초하루는 일년 중 가장 큰 명절이다.

설날의 차례茶禮는 떡국과 더불어 차茶를 올렸던 옛 풍속과는 달리 지금은 차茶를 올리지 않는 차례를 지내고 있다. 우리의 옛 풍속에는 정월 초하루의 사당 차례는 가루차로 점다點茶하는데 이러한 법도點茶法道는 신라新羅에서부터 고려高麗, 조선조朝鮮祖까지 이어져 왔다. 지금은 말로만 남아 있는 차례이지만 그럼에도 불구하고 명절이면 차례를 지내기 위해 고향을 찾아가는 인구가 천만 명 가까이 되는 것을 보면 조상 차례의 정신에는 깊은 민족혼이 깃들어져 있음이 분명하다.

풍속이란 우연히 생겼다가 우연히 없어지는 것이 아니다. 전통을 면면이 이어온 역사 속에 곰삭아 있는 문화가 천 년을 잊힌 듯이 묻혀 있다가, 그 어느 시절 홀연히 빛을 내고 일어서 전통이라고 하는

끈을 이어주며, 확고한 동질의 민족성을 확인 시켜주기도 한다. 사라질 듯하다가 명맥만을 간신이 이어져 온 차례라는 언어는 기나긴 역사 속에서도 씨알이 되어 지금까지 전해져 온 것이다.

1970년 무렵부터 불기 시작한 차풍이 지금에 이르러서는 차가 신선하고 사람과 신神을 이롭게 하는 묘약으로 알려져 있다. 그러기에 지금부터라도 조상 차례에 차를 올리는 의미는 실로 큰 것이라 할 것이다. 이때 가루차로 점다點茶하기가 여의치 않으면 맑은 녹차도 좋지만 황차를 올리는 것도 무방할 것이다.

(2) 정월 대보름 正月十五日

대보름의 다례茶禮는 유다례遊茶禮라 한다. 사람은 달을 따라 놀고, 달은 사람 따라 쉬어간다는 의미다. 다인의 놀이에는 절제와 질서의 미덕이 있었다. 정월 보름에 달님을 모셔다가 귀밝이 차를 올리고 달님처럼 둥근 오색 다식과 둥근 화로에 숯불을 피우거나 투각화로에 알콜불 또는 전기불로 물을 끓이는 것도 다인들의 아름다운 유다의 풍속일 것이다.

달처럼 둥근 찻사발에 차를 풀어 달님에게 올리니, 달님은 그 빛으로 시인묵객을 희롱한다. 넉넉한 빛의 십오야는 풍만한 자태로 만인의 소망을 이루게 하였으니, 온 가족이 함께 모여 나눔의 차회로 한해의 계획을 세워 볼 일이다.

(3) 2월

2월은 경칩驚蟄, 춘분春分이 있
는 달이다.

영등신靈登神할머니에게 풍신
제風神祭를 지내려는데 풍백風伯
과 우사雨師와 운사雲師도 같이

하니, 만물이 서서히 꿈틀거리며 깨어나는 계절이다. 화려한 춘분
春分을 맞이하기 위해 영등할미가 앞장서면 삼사三師가 뒤따르고,
사신四神이 화합하면 산천 초목은 웅크린 갑옷 속에서 기지개를 펼
것이니 2월은 영등靈登 할미의 조화造化를 첫 번째로 여긴다.

쑥과 냉이, 씀바귀가 흙을 뚫고 싹이 트면 개나리, 진달래가 이리
저리 산천을 물들이고, 영산홍 꽃바람이 불어온다.

이 때는 바람 할미에게 올리는 차례茶禮로 복주머니, 향낭 노리개
에 돈차錢茶, 떡차餠茶로 가득 채워 진설한다.

청차 황차 우려내어 청매화 향기 띄워 헌다獻茶하오니
쉬엄쉬엄 쉬어가는 바람이게 하소서…….

맑고도 싱그러운 차茶가
청매靑梅의 향기에 취한 채로 흔들리는 2월이오니
부디 잊지 말고
청매 피는 길목에 떨어진 낙화일지라도
못 본체 하지 말고

만나는 인연을 만드소서…….

2월의 차례는 마른 땅을 적셔주는 헌다獻茶로 첫 번째 우린 차를
고시레로 동·서·남·북으로 나누어 남김없이 찍어 올리는 것이
대자연을 향해 올리는 간단한 차례의 예절이다.

(4) 3월

청명淸明과 곡우穀雨가 있는 3월은 개나리, 두견화杜鵑花:진달래와
함께 백발의 할미꽃도 생기 돈는 계절이다. 3월 삼짓날은 중삼重三
이라고 하는데, 이날 신라승 충담忠談은 경주 남산 미륵불을 찾아가
차를 올리는 다풍茶風을 일구어 놓았다. 또 경덕왕의 명을 받들어
안민가를 지어 올렸으니 그는 차와 인연이 깊은 스님이었다.
　이 땅에 차를 아끼고 좋아하는 다인들은 미륵불과 충담 스님을
기리는 차회에서 어린 찻잎 창槍만 골라 두강頭剛의 햇차로 헌다하
면 좋을 것이다. 또 산과 들에 흐드러진 진달래로 화전 다식을 진설
하고 서로의 솜씨를 아낌없이 즐기며 안민가를 소리 높혀 불러볼
일이다.

안민가安民歌

임금은 아버지요, 신하는 사랑하는 어머니시라
백성을 어리석은 아이로 여기시면 백성은 사랑을 알리라
구물거리며 사는 물생物生에게 이를 먹여 다스리니

이 땅을 버리고 어디로 가랴, 그들은 나라가 있음을 알리라

임금은 임금답게, 신하는 신하답게, 백성은 백성답게 할지면

나라는 태평하리라

이상의 시에서 '답게' 란 말은 사람이라면 누구나 한번 깊이 생각해 보아야 할 금언金言이다.

이밖에 3월은 우리의 가슴에 새겨야 하는 역사 깊은 날이다. 한마음 한 뜻을 모아서 33인에게 헌다례獻茶禮와 헌화獻花의 깍듯한 예禮를 잊지 않는다면 우리는 축복 받을 백성이 될 것이다.

(5) 4월

음 4월 8일 : 석가 탄신일

양 4월 19일 : 민주 의거일

양 4월 28일 : 충무공 탄신일

햇차를 수확하는 풍요로운 4월이다. 차를 즐기고 좋아하는 사람들은 1년의 차양식을 수확하는 계절이니 부디 놓치지 말고 정성을 다하여 찻잎을 따서 제다하는 것은 곧 차생활의 기본이 되니 이러한 기회를 놓치지 않는 것이 다인의 지혜가 아닐까 싶다.

불수佛手

햇차를 수확하거든 먼저 부처님께 올리고 4월의 차회의 모임에서는 민주화를 위해 꽃같은 목숨 아낌없이 던진 젊은 영혼들에게 꽃과 차로 위로하는 뜻에서 헌다하자. 첫 번째 올리는 차는 사방천지四方天地에 고시레로 뿌리고 음복하는 모임이면 아름다운 다인의 참모습이라 할 것이다.

4월 28일은 충무공 이순신 장군의 탄신일로 우리 국민 모두가 축하할 일이다. 이순신 장군은 지금 이 땅에 대한민국을 존재하게 하였으니 대한의 국민이면 누구나 잊지 말아야 하지만 특히 다인들은 차례 올리기를 게을리 하지 말아야 할 것이다. 전국 어디서건 바닷가에서 현충사 뜰에서 너럭바위 위에서 모여 역사를 되돌아보는 차례는 더욱 뜻깊다 할 것이다.

(6) 5월

양 5월 5일 : 어린이 날

양 5월 8일 : 어버이 날

양 5월 15일 : 스승의 날

양 5월 16일 : 성년의 날

양 5월 18일 : 민주화 기념일

양 5월 25일 : 차茶의 날

화창한 5월은 꽃들의 향연이 한창이고

화사한 꽃들은 벌꿀의 관을 쓰고

다인은 일창일기의 찻잎을 따서

백설 같은 쌀가루에 잎차 버무리떡 펼쳐 놓고

감미로운 햇차는 감로수로 우려내고

솜씨 맵씨 자랑일랑 마음씨로 접어두고

겨루기 자랑하는 모임이거든

마음껏 펼쳐 자랑은 자랑답게

정성을 다하여 최선을 다하는 것이 다인다운 기지다

　5월의 차례에 올리는 폐백은 생잎차 한 광주리와 잎차 버무리떡 한 소반 진설하고, 햇차의 감로는 나눔이 어울어진 음복이며, 후덕한 덕 고루펴 신과 사람, 사람과 사람의 싱그러운 교류는 평화의 대선大善이다.

　또 이때에는 하선夏扇이라 하여 다가오는 더위를 잘 넘기라는 뜻으로 궁중에서 만든 부채를 임금이 신하들에게 고루 하사했다.

(7) 6월

양 6월 6일 : 현충일顯忠日

양 6월 25일 : 6 · 25사변 일

　6월의 차례는 우리의 역사 이래 나라를 위해 전사한 혼백들을 함께 위로하며, 그 공적을 높이 받들어 찬양하는 데에 목적을 두어야 할 것이다. 그들로 인

길 벗들의 동행

하여 나라가 존재하였고, 지금의 평온은 그들의 덕이므로 그 영혼
들에게 머리 숙여 감사해야 한다.

우리는 지금까지 나라 없는 민족의 비극을 보아왔고, 그 비극이
어떠한 것인가를 잘 알고 있다. 그러기에 6월의 차례는 나라에서
그 의식을 거행하고 있고, 차를 전문으로 다루는 다인들은 개개인
또는 단체로 헌다獻茶를 한다. 산화한 수많은 영령들은 물론이고,
살아 남은 유가족들이 보람으로 생각할 수 있도록 흡족한 예우를
베푸는 것이 당연한 도리라고 생각한다.

현충일이나 6·25 사변으로 산화한 영령들은 이미 슬픈 영혼들이
아니다. 그들은 가장 명예롭게 전사한 영령들이기에 죽었다고 해서
공적을 소홀히 해서는 안된다. 나라가 존재하고 백성이 살아 있는
한 명예로운 차례이니 화려한 꽃과 어둠을 밝히는 촛불과 그윽한
향, 그리고 오색다식과 떡 등은 당연한 진설로 풍부해야 할 것이다.

　그러하니 헌다하는 찻사발은 대완大碗으로 미리 준비하여 광주리나 소쿠리 같은 대바구니에 여러 가지 색색의 꽃잎을 소복하게 담아 진설한 후, 헌다례가 끝나면 경건한 춤과 음악으로 산화한 목숨들을 위로하도록 한다. 이때의 춤은 꽃잎처럼 산화한 목숨, 찬란한 부활의 기쁨을 표현하는 춤이라야 할 것이다.

　　꽃잎처럼 산화한 목숨은
　　새로운 생명의 탄생으로
　　나라가 번창하는 꽃이란다

　삼국사기를 보면 우리나라 최초의 현충 행사는 신라 진흥왕眞興王 33년, 서기 572년 10월 20일부터 7일간에 걸쳐 전사한 병졸을 위하여 베푼 팔관회八關會였다. 팔관회는 7일 동안 전사자를 위해 하

늘의 신령과 5악岳과 명산·대천·용신의 신에게 제례를 올리는 행사였다. 겸하여 전쟁으로 인해 피폐해진 백성들을 위로하고 단합하게 하였을 것으로 생각된다.

조선조를 거쳐 오면서 처음 의도했던 바와는 달리 왜곡되어 전하여져 왔음이 아쉽고 안타까운 일이 아닐 수 없다.

주 : 오악五岳 – 우리나라 전체적으로는 동東은 금강산金剛山, 서西는 묘향산妙香山, 남南은 지리산智異山, 북北은 백두산白頭山, 중앙中央은 삼각산三角山 등을 오악이라고 하고, 신라에서는 동東은 토함산吐含山, 서西는 계룡산鷄龍山, 남南은 지리산智異山, 북北은 태백산太白山, 중앙中央은 부악父岳 등을 오악으로 기록하고 있다.

(8) 7월

음 7월 7일 : 칠석일
음 7월 15일 : 백중일
음 7월 27일 : 아유타국 공주가 차씨를 가져 옴

7월 칠석날七夕日은 예부터 전해오는 전설에 의하면 견우牽牛 직녀織女 별이 은하천을 건너 만나는 날이다. 이 날이 되면 은하천에 다리가 없어 동과 서로 나뉘어져 바라만 보다가 이를 안타깝게 여긴 오작烏鵲 : 까마귀와 까치들이 돌을 머리에 이고 다리를 놓아 주니 견우와 직녀는 그 오작교를 건너 만난다는 것이다. 그러나 곧 다시 돌아와야 할 운명이기에 못다한 사랑으로 눈물을 흘리게 되니 그래서 칠석날이면 비가 오는 거라고 한다.

15일 백중일은(白種日:白衆日) 조상을 천도하기 위해 제齊를 올리는 날인데 이는 불가의 의식이어서 불가에서는 매우 성대하게 치른다. 이때 백과 百果를 쟁반에 담아 시방대덕十方大德에게 공양하는데 이러한 의식도 다례에 속한다.

7월 27일은 인도의 아유타국阿踰陀國의 공주인 허황옥許黃玉이 수로왕에게 시집오면서 차씨를 폐백 혼수로 가져온 날이다. 공주는 인도에서 배를 타고 100여 일이 걸려 도착한 곳이 가락국의 별포진, 지금의 김해라고 전해져 오고 있다. 공주는 차를 심고 약을 만드는 법과 음료를 마시는 법을 백성들에게 가르쳐 널리 보급시켰다고 한다. 그러니까 이 땅에 최초로 차농사를 가르쳐 준 사람은 허황옥 공주였다.

그녀는 자녀가 12명이었는데 아들이 10명이었고 그 중 7왕자는 생불이 되었다. 부부의 금슬이 유별했던 수로왕과의 해로偕老는 140여 년이었고, 이 세상의 부귀영화는 모두 누렸으니, 차나무의 신령스러움을 확실하게 보여 준 셈이다. 그렇게 무병장수하게 하였던 차의 놀라운 기운, 즉 생기生氣를 받는 이 날을 차례로써 뜻깊게 기념할 일이다.

(9) 8월

8월 보름을 추석秋夕이라 한다.

추석秋夕은 오곡백과가 아직도 풋풋한 계절이지만 먼저 익은 햅쌀로 송편 빚고, 햇밤에 햇대추, 햇사과로 조상에게 제사를 지내고 아이들은 추석빔 새옷으로 갈아입고 성묘 가는 모습은 참으로 아름다운 풍경이 아닐 수 없다.

신라 유리왕 시대, 여인들의 길쌈을 장려하기 위해 편을 갈라 7월 15일부터 베짜기를 시작하여 8월 대보름날 궁중의 뜰에 모여 그 성적을 고사考查하는 풍습이 있었다. 이때 진편은 음식을 장만하여 승자들에게 바치고, 서로 어울려 가무백희歌舞百戲를 하였는데 이를 가배嘉俳라 하였고, 이 때 패자가 부르는 노래를 회소곡會蘇曲이라고 하였다.

조상에게 지내는 제사를 차례라고 부르게 된 연유는 이러했다.

가락국駕洛國(伽倻)의 제2대 거등왕居登王이 즉위한 후 아버지인 수로왕과 어머니인 허왕후가 돌아가시자 백성들에게 "연중 다섯 번, 즉 매년 정월 3일과 7일, 5월 5일, 8월 5일과 15일에 정성스럽게 장만한 제물로 제사를 지내도록 하라."고 어명을 내렸다. 그 이후 330년간 계속되었던 제례가 나라의 패망으로 약 60년간 중단되었다가 문무왕 때에 다시 부활되었다. 이 때에 제물은 술과 단술, 그리고 떡과 밥·차茶·과일 등 여러 가지였다는 기록이 남아 있다. 이미 가락국 시대부터 차를 제물로 썼음을 잘 알고 있던 거등왕居登王은 일 년이면 다섯 차례의 제례를 차례茶禮의 의식으로 진행해 절기마다 헌다獻茶하였다.

풍속은 기나긴 역사의 소용돌이 속에서 흥망성쇠를 거듭하며 사라졌다 나타났다 하면서 전통을 이어가는 것이다.

추석날의 차는 가루차[末茶]를 점다點茶하여 올린다. 그러나 여의치 않으면 잎차로 술을 올리듯이 하여도 무방하다. 가루차는 조선조까지는 사대부가에서 많이 이용하였으며 궁중에서 모든 제례와 초상을 치룰 때, 또는 묘소에서 치루는 상식上食 을 올렸는데 이를 궁중에서는 주다례晝茶禮라 하였다.

조선조에서는 비교적 간소한 제례일 경우를 차례茶禮라 하였으니, 우리의 차례 문화는 그 폭이 무궁하여 쉽게 단정할 수 없다.

달 밝은 밤에 온 가족이 모여 화로에 불을 피우고 물을 끓여 찻상에 옹기종기 차려 놓은 다기구로 어른이 먼저 아이에게 엄정한 자세로 차를 주면 아이들은 자연스레 정중한 자세를 배우게 된다. 아이들의 교육은 가정에서부터라고 하지 않던가. 세 살 적 버릇은 여든 살까지 가고…….

우리의 다풍茶風과 차례에 대하여 설명하면서 거등왕의 효심까지 덤으로 이야기한다면 역사 공부는 물론이고 예절도 배우게 되어 도랑 치고 가재 잡는 것보다 훨씬 보람 있는 일이니, 이것이야말로 생활의 지혜일 것이다.

(10) 9월

음력 9월 9일은 중구重九, 또는 중양重陽이라고 한다.

이 날은 길일吉日로 신라 스님 충담선사忠談禪師가 해마다 남산 미륵

흑유의 잔(수선화)

불에게 차茶를 올렸던 날이다. 이 날을 중심으로 산천의 초목과 동물들은 겨울에 살아남기 위해 양기陽氣를 저장하고자 나무나 초목은 잎을 버리고 뿌리에 기氣를 모아 지키며, 동물이나 벌레는 땅속에 들어가 겨울나기를 준비하는 계절이다.

한결 높은 벽공碧空에 뭉게구름 모였다 흩어지니 산천의 단풍은 북쪽에서 내려오고, 처마끝 맴돌던 제비는 서둘러 남쪽으로 날아간다.

이 때가 되면 차밭의 실화實花 상봉相逢이 한바탕 잔치로 화려한 극치를 이룬다. 차밭 근처 물 흐르는 골짜기 너럭바위 위의 풍로에 불 피우고 돌솥[茶鼎]에 물 끓이는 소리가 삼비三沸에 접어들면 끓은 물에 가루차末茶를 떨군 후 손잡이가 긴 찻솔로 휘젓는다. 그러면 열화같은 거품이 소복히 쌓여 연못에 떨어진 대추꽃 무리처럼 뜨게 되는데 그 때 표주박에 거품꽃 한 표자를 먼저 떠서 산천제山川祭에 고시레로 뿌린다. 그리고 나서 첫 번째 차茶는 충담忠談에게 헌공獻供하고, 두 번째 차는 스승에게 봉양奉養하고, 세 번째는 큰 사발 하나에 거품꽃을 모아 돌아가며 나누어 한 모금씩 마시니, 이것이 옛부터 전해져 내려오는 두레의 협동과 결집과 나눔의 미덕이다.

국화의 계절에는 놓치지 않고 국화를 따서 그늘에 말려 국화차菊花茶를 장만하여 감기 몸살이 날 때 녹차에 함께 우려서 마시면 그 효과가 빠르다.

'봄에는 진달래전煎 가을은 국화전'이라는 말이 있듯이 색색의 국화전은 상상만 하여도 아름답다. 이 밖에 햇곡식과 햇과일로 만든 정과와 햇밤의 양갱도 차에는 잘 조화가 되는 다식茶食이다. 또 추광이 충만한 유자柚子와 잣松子과 석류石榴를 함께 썰어서 꿀물에 탄 계절의 음료를 제례에 쓰기도 한다.

고려시대에는 궁중에서 양로연을 베풀어 남녀 80세 이상인 노인에게 음식과 술과 차茶를 대접하고 돌아갈 때에는 차와 약을 하사하였다. 이 때 남자인 경우에는 왕이 그 자리에 나오시고, 여자의 경우에는 중전이 관장했다.

잔치가 끝나면 종이(한지)나 청색보자기를 주어서 자기가 먹고 남은 음식을 싸서 가지고 갈 수 있도록 배려하였는데 이러한 풍속은 지금도 남아 있다.

가까운 친척 중에서 제사祭祀을 지내고 나면 남은 음식을 골고루 싸서 나누어 주는데 이것은 마치 음복과 같은 의미로, 조상이 내린 복을 나눈다고 하는 뜻과 음식을 신성시 하여 버리지 못하게 하는 선인들의 지혜가 숨겨져 있다. 다만 지금의 핵가족 시대에 이러한 미풍양속이 언제까지 계속될 것인지는 알 수 없는 일이다. 차를 나누는 다인들만이라도 함께 모여 가족적인 분위기로 일년에 한 번이라도 실천하면 뜻 깊은 일이 될 것이다.

주 : 가을이면 단풍잎을 수집하는데 단풍이 든 담쟁이잎과 감잎·은행잎·벗나무잎·목련잎 등을 모아 깨끗이 닦아 잘 싸서 냉장고에 보관하였다가 장식용으로나 다식접시로 겨울 또는 이른 봄에 이용하는 것도 하나의 지혜요 멋이다. (접대할 손님이 많을 경우 한지나 낙엽을 다식 접시로 씀)

(11) 10월

10월 3일은 개천절開天節이다.

기원 전 2333년에 단군이 왕검성王儉城에 도읍을 정하고 나라 이름을 고조선古朝鮮이라 하였다. 흔히 민가에서는 10월을 상달이라 하여 농공제農功祭와 성주제城主祭을 지내는데 이러한 제례를 지낼 때에는 반드시 붉은 팥고물 시루떡을 제물로 올린 다음 동네 집집마다 돌려 나누어 먹었다.

다인들은 이상과 같은 대제大祭에는 반드시 차茶를 올려야 할 것이다. 차를 올린다 하는 것은 지금까지 행한 의식儀式 그대로 하되, 다만 팽다烹茶의 자리를 만들고 그 자리에서 가루차로 점다點茶하여 헌다獻茶하는데, 이 때의 행다는 바른 격식 그대로 행하여야 한다. 만약 격식을 지키지 못할 바에는 그만 둘 일이다.

이러한 대례 의식大禮儀式일 때에는 다로茶爐에 숯불을 피워 물을 끓이는 것이 바로 경敬이요, 순順이며, 헌獻이기 때문에 대다례大茶禮에서는 바른 행다례의 기초만은 반드시 지키는 것이 다인들의 행해야 하는 예절이 될 것이다.

10월 상달 중에 붉은 팥시루떡을 성주제城主祭에 올리고 나서 그 떡을 집집마다 돌려 나누어 먹는 것은 마을 전체의 안녕을 비는 의미가 있었다. 지금도 농가에서는 이러한 풍속이 지켜져 오고 있는데 붉은 색은 잡귀를 물리친다고 믿어 왔던 때문이다.

만두의 유래

《사물기원事物記原》을 보면 제갈공명諸葛孔明이 맹획孟獲을 정벌할 때 어떤 사람이 고했다.

"남만南蠻의 풍속에 사람을 죽여 그 머리를 가지고 제사를 지내면 신이 받아먹고 음병陰兵陰俗을 내보낸다는 말이 있습니다." 그러나 공명은 그대로 따르지 않고 양고기와 돼지고기를 섞어 밀가루 반죽으로 싸서 사람의 머리 모양을 만들어 제사를 지냈다. 그랬더니 신이 받아먹고 군사를 보내 주었다. 후세 사람들이 이를 만두灣頭라고 했는데 대소쿠리에 넣어서 쪘기 때문에 증병蒸餅, 또는 농병農餅이라고도 한다.

만두는 점차 그 형태가 변형되어 지방마다 조금씩 다르게 발전하였다. 그 중에 특이한 것으로는 오색의 작은 만두 다섯 개를 한 조로 하여 큰 복주머니에 담은 것처럼 만든 다음 실파나 부추잎으로 복福자를 쓴 후 쪄내는 만두가 있다. 그것을 큰 접시에 담아내면 먹을 때 먼저 큰 주머니를 열고 그 속에 들어 있는 색색의 만두알 다섯 개를 먹는 것이다. 그러면 충분히 요기가 되고, 배가 부르니 복을 받은 거와 다를 바가 없었을 것이다.

(12) 11월

동지冬至는 다른 말로 아세亞歲라고도 한다.

아세란 정월의 설날 버금간다는 뜻으로, 작은 정월이라는 뜻이다. 동짓날은 천세력千歲歷에 정해진 날로 양력 12월 22일경에 해당한다.

해마다 이날이 되면 집집에서는 팥죽을 쑤는데, 팥죽 속에 찹쌀가루로 만든 새알 크기의 경단을 넣어 제사에 올리기도 한다. 팥죽의 물은 역귀疫鬼을 물리치기 위해 문짝과 벽 등에 뿌린다.

또 이달에는 동력冬曆이라 하여 신하들이 새해 달력을 만들어 임금에게 받쳤다.

(13) 12월

납향臘享이란 납일에 그 한해에 지은 농사 형편과 그 밖의 일을 여러 신에게 고하는 제사를 말한다.

이 제사는 동지冬至 후 제3미일未日(일진의 지지地支가 미未로 된 날) 납일臘日에 지낸다. 동방의 성덕을 목(木 : 五行의 木)으로 정하고 종묘와 사직社稷에 큰 제사를 지냈는데 명절(名節 : 설날·한식·단오·추석)의 차례와 같다.

조선시대 일본에 통신사로 가거나 청나라에 사신으로 가서 만약 납일을 맞게 되면 그날의 공식적인 일을 접어두고 반드시 차례를 지내는 것이 상식으로 되어 있었다.

이날에는 내의원內醫院에서 여러 가지 환약을 만들어 임금에게 진상했다. 이것을 납약臘藥이라 하는데 이때에 만드는 약은 정신적 치료에 효과가 있는 청심원淸心元 : 淸心丸, 열을 다스리는데 효과가 있는 안신원安神元, 곽란을 다스리는데 효과가 있는 소합원蘇合元이었다. 이러한 약들이 만들어지면 임금은 근시近侍와 지밀내인至密內人 등에게 나누어 주기도 했다.

중국의 북경 사람들은 청심환을 기사회생起死回生의 신환神丸이라 하여 매우 귀하게 여겨 이것을 구하기 위해서는 수단방법을 가리지 않았다. 그러기에 우리나라 사람들이 그 처방문을 알려 주어도 그 효과를 보지 못하였다 한다. 그 이유는 북경에는 우황牛黃이 없어 타황駝黃(낙타 쓸개)을 대용하기 때문에 비록 처방에 따라서 만들어도 효능이 없다고 전해져 오고 있다.

12월은 소한小寒과 대한大寒, 설중雪中의 만남이 필연적인 인연인데, 모처럼 다인끼리 차茶 한 잔을 위한 모임이거든 진각국사(1178년~1234년)의 시詩 한 수를 음미하며 천년의 시차時差를 잊어버리는 것도 다인다운 멋일 것이다.

배선사장실자설다연陪先師丈室煮雪茶宴

엊저녁 간간히 내리던 눈
새벽엔 놀랍게도 한 자나 쌓였네
고루 뿌려 구덩이 메워졌고
무겁게 눌린 나뭇가지 꺾어졌네
숲의 새는 추위에 처마 밑으로 날아들고
바위 틈의 지친 사슴 굴속을 찾아드네
돌난간은 요대瑤臺로 변했고
흙계단은 옥계단을 이루었네
한파는 선실을 침범하고
눈빛은 창문을 뚫고 들어오네
산 사람은 큰 추위에 맡겨두고
차 끓이며 좋은 시절 음미한다네
사동 불러 깨끗한 눈 가져다가
소반 가득 옥가루 쌓아 놓고
손으로 새기노라니
우뚝한 산의 형세 방불하네
구멍 뚫어 용천龍泉에 비기고
물을 떠서 작설을 끓이네
어찌 스스로의 즐거움을 도모해서겠는가
남이 깨끗이 마시도록 함이네
이것은 오직 방외方外의 맛이니
인간 세상에 누설하지 마시게
아, 나는 본래 서생으로
세속을 벗어나 스님들 사이에 끼었다네
조그만 방에서 맑은 바람을 마시며
유가의 지독한 더위 식히고 있네
간절히 안심결安心訣을 묻는다네
내 불문佛問을 묻고자하여
스승에게 무설誣說 설하기를 청하네

사진으로 익히는 접빈다례(손님맞이 다례)의 예

▲ 그림 ①, ②, ③, ④, ⑤, ⑥ 까지는 대문에서부터 손님을 맞이하는 장면이다. 주인인 팽주가 안내하되 마루를 오를 때는 손님이 먼저 오르도록 하고 주인은 손님 신을 정리한 다음 오른다. 그리고 나서 관세소에서 손을 씻는다.

▲ 주인과 손님이 맞절을 한다.

관세기(손씻는 그릇)

▲ 팽주가 가벼운 목례를 한 후, 행다를 시작한다.

▲ 상보를 걷어 오른쪽 뒤편에 놓는다.

▲ 상보를 걷어 오른쪽 뒤편에 놓는다.

▲ 솥뚜껑을 연다.

▲ 다관뚜껑을 연다.

▲ 끓는 물을 떠서

▲ 물식힘그릇(숙우)에 담는다.

▲ 숙우물을 다시 다관에 넣어

▲ 찻잔에 따른다.

▲ 다관 뚜껑을 열어 놓는다.

▲ 뜨거운 물을 물식힘그릇에 붓되 작은 찻잔으로 넉 잔이 되도록 알맞게 붓는다.

▲ 차호는 왼손으로 받쳐 든 상태에서 오른손으로 잡아 팽주쪽으로 가져온다.

▲ 왼손 바닥에 놓고 뚜껑을 열어 차를 3숟갈 정도 다 관에 넣는다.

▲ 왼손으로 잡고 왼쪽으로 돌아 본 위치대로 놓는다.

▲ 다관에 숙우물을 부어 차를 우린다.

▲ 예열한 찻잔의 물을 퇴수기에 비운다.

▲ 그동안 우려진 차를 따를 때 맨 먼저 팽주잔에 조금 부어 색을 보고 차색이 엷으면 천천히 따라 차의 빛 깔을 조절한다. 손님의 잔은 위에서부터 따른다.(예열 한 잔은 아래에서부터 비우고 차는 위에서부터 따른다. 이것은 경敬의 질서를 상징함)

▲ 차를 다반에 놓는다.

▲ 손님에게 다가간다. 이때 살포시 일어나고 걸음걸이에 바람이 나지 않도록 조심한다.

▲ 차를 낼 때 팔각상일 경우는 중앙이 윗자리가 되고, 그의 왼쪽이 다음이고, 오른쪽은 그 다음이다. 찻잔도 그 순서대로 올린다.

▲ 팽주는 자기 자리로 돌아와서 손님들에게 눈짓으로 "내가 차를 먼저 한모금 마십니다"하는 태도로 한모금 마신다.(팽주가 먼저 마시는 것은 궁중의 기미상궁이 먼저 음식의 맛을 본 다음 그 다음에 왕이 드셨던 음식예절문화를 본받은 것이다.)

▲ 팽주가 한 모금 마시고 "드시지요"하면 상좌에 앉은 손님부터 차를 들어 색향미를 음미하며 천천히 세 번 나누어 마신다.(이때 팽주는 손님의 표정을 살핀 다음 손님이 모두 마시고나면 빈 잔을 거둔다.)

▲ 다식을 나누어 올린다. 빈 잔의 쟁반을 들고 팽주의 자리로 돌아와 적은 잔은 개숫물통에 담아[方]두고 다관의 찌꺼기는 찌꺼기 통에 거둔 다음 음미차 도구를 모두 정리한다.

▲ 큰다관에 큰 잔을 준비하여 먼저 음미차를 할 때와 똑같은 순서로 **차를 따르되 물과 차의 양률은 음미차 보다 늘어야 할 것이다.**(사진생략)

▲ 큰다관에 큰 잔을 준비하여 먼저 음미차를 할 때와 똑같은 순서로 차를 따르되 물과 차의 양률은 음미차보다 늘어야 할 것이다.(사진생략)

▲ 손님과 팽주가 같이 음미차를 마실 때는 오로지 차의 색향미를 조용히 음미하며 마음 속 깊이 오묘한 세상 이치와 차의 이치를 감상하였으니, 이번 차는 다식과 같이 마시면서 그간의 안부나 집안일 등에 관하여 서로 다담을 나눈다.

▲ 차 넉 잔을 준비하여 손님과 팽주가 같이 앉아 마시는데 음미차를 마실 때는 오로지 차의 색향미를 조용히 음미하며 마음 속 싶이 오묘한 세상이치와 차의 이치를 마음 속 깊이 감상하였으니, 이번차는 다식과 같이 마시면서 그간의 안부나 집안일 등에 관하여 서로 다담을 나눈다.

▲ 차 넉 잔을 준비하여 손님과 팽주가 같이 앉아 마시는데 음미차를 마실 때는 오로지 차의 색향미를 조용히 음미하며 마음 속 싶이 오묘한 세상이치와 차의 이치를 마음 속 깊이 감상하였으니, 이번차는 다식과 같이 마시면서 그간의 안부나 집안일 등에 관하여 서로 다담을 나눈다.

▲ 차 넉 잔을 준비하여 손님과 팽주가 같이 앉아 마시는데 음미차를 마실 때는 오로지 차의 색향미를 조용히 음미하며 마음 속 싶이 오묘한 세상이치와 차의 이치를 마음 속 깊이 감상하였으니, 이번차는 다식과 같이 마시면서 그간의 안부나 집안일 등에 관하여 서로 다담을 나눈다.

▲ 모두 뒷설거지를 완벽하게 하는 것으로 매우 중요한 과정이다. 모든 일에 있어서 용두사미는 용납되지 않지만 특히 다도에서 끝마무리를 깨끗하고 완벽하게 하는 것은 매우 중요시 여긴다.

▲ 모두 뒷설거지를 완벽하게 하는 것으로 매우 중요한 과정이다 모든 일에 있어서 용두사미는 용납되지 않지만 특히 다도에서 끝마무리를 깨끗하고 완벽하게 하는 것은 매우 중요시 여긴다.

▲ 모두 뒷설거지를 완벽하게 하는 것으로 매우 중요한 과정이다 모든 일에 있어서 용두사미는 용납되지 않지만 특히 다도에서 끝마무리를 깨끗하고 완벽하게 하는 것은 매우 중요시 여긴다.

▲ 모두 뒷설거지를 완벽하게 하는 것으로 매우 중요한 과정이다 모든 일에 있어서 용두사미는 용납되지 않지만 특히 다도에서 끝마무리를 깨끗하고 완벽하게 하는 것은 매우 중요시 여긴다.

▲ 상보는 처음과 같이 덮는다.

▲ 행다가 끝나면 팽주는 목례를 한다.

▲ 서로 맞절을 처음과 같이 나눈다.

▲ 팽주는 먼저 마루에서 내려와 신을 신기 편하게 돌려준다.(이것이 우리의 전통적인 예절이다.)

▲ 순서대로 주인은 손님을 정중히 전송한다.

접빈 다례 상차림

▲ 순서대로 주인은 손님을 정중히 전송한다.

여류시인과 다茶생활

홍녹채매병 (높이 44cm, 구경 7cm, 굽바닥 10.8cm)

제5장 여류시인과 다茶생활

1. 허난설헌許蘭雪軒의 시詩

난설헌蘭雪軒(1563년~1585년)은 선조 때의 여성으로 그녀의 이름은 초희楚姬이며 자는 경번景樊이고 난설헌은 호다.

아버지는 당대 이름 높은 문장가이며 대사헌大司憲을 지낸 초당 허엽草堂 許曄이었다. 그는 《홍길동》을 저술한 교산 허균蛟山 許筠의 동생이기도 하다.

허엽은 삼남 삼녀三男 三女를 두었는데 전처의 소생인 큰 아들 성筬과 후처 김 씨에게서 난 봉篈, 균筠, 허난설 등 다섯이 모두 당대의 문장가로 명성이 높았다. 난설헌은 김성립金誠立과 혼인하였으나 남편의 열등의식으로 난설헌을 멀리하여 항상

청자 화병
높이 20cm / 구경 4cm

남편을 그리워하는 시를 많이 썼다. 또 고부간의 갈등이 심했고, 어린아이마저 잃는 불행을 겪었다. 그녀는 여성으로서, 아내로서 어머니로서는 불행했다.

그 고뇌를 달래느라 많은 시를 썼는데 그녀의 작품은 후대에 와서 우리나라에서보다 중국에 더 많이 알려졌다. 지금 남아 있는 차茶시는 단 두 편밖에 남아 있지 않아 아쉬움이 앞선다.

춘경春景

—같은 운으로 한 산정사시山亭四時用一韻四首

정자는 산 이름이라 내 마음에 새겨 있고 亭以山名識我心
내마음 어데 있느냐 하면 숲속에 있네 我心何在山林

차茶연기는 기나긴 봄날에 피어오르고 茶煙成篆遲遲日
꽃그림자 군데군데 그늘지누나 花影呈圖片片陰

가득 부어 놓은 잔에 개미가 들었다고 청탁을 논하랴? 盈楹蟻浮淸濁飮
발 밖에 제비가 장단 맞춰 지저귀누나 隔簾燕語短長音

218 장군다례

봄맞이 걸음마다 구름은 디딜 자리 만들고 償春步步雲生展
시냇물 따라 길은 꺾여서 깊이 온 줄 모르겠네 不覺綠溪路轉深

궁사宮詞

붉은 비단 보자기에 건계차를 싸서 紅羅袱裏建溪茶
시녀는 모양 있게 묶어 봉함한 뒤 侍女封緘結出花
붉은 인주로[니泥]자를 빗겨 눌러서 斜押紫泥書字
내관들이 대신들 집에 나눠보내네 內官分送大臣家

2. 영수합令壽閤의 시

영수합 서 씨徐氏(1753년~1823년)는 정조正祖 때 호참戶參을 지낸 홍인모洪仁模의 아내이다. 그녀에 관한 기록은 남편의 문집인 족수당집足睡當集에 부록으로 수록되어 있다. 홍인모의 아버지는 정조 때에 이吏, 형刑, 병판兵判을 거쳐 영상에까지 올랐던 홍악성洪樂性이다. 자字는 이수而壽요, 호는 족수거사足睡居士라 하였다. 그의 저서로는 고古 근近 체시 2,000여 편과 황명사략皇明史略, 당명신언행록唐名臣言行錄이 있다.

영수합 서 씨는 여류시인인 동시에 유한당幽閑堂 홍 씨의 어머니요, 숙선옹주의 시어머니이기도 하다.

그녀는 도연명, 두보 등의 시를 유달리 좋아하여 차분한 작품이 많으며, 여성으로서, 어머니로서, 아내로서, 문인으로서 비교적 성

공적인 삶을 누렸다.

그녀의 막내아들 홍현주는 초의草衣에게 《동다송》을 쓰게 한 것으로 알려져 있다. 또한 아내인 숙선옹주와도 정이 두터울 뿐만이 아니라 가족이 모이면 차茶를 마시며 서로의 시詩를 차운하여 쓰기도 하였다. 한마디로 문인가족의 차생활을 느낄 수 있어서 예스러운 아름다움이 더욱 돋보인다.

막내의 운을 차운하여 次李兒讀

낙엽진 싸늘한 산 밖에 나와 搖落寒山外

눈 덮힌 산봉우리 마주하니 쓸쓸한데 蕭蕭對雪岑

마을에 연기 아스라이 저녁 풍경 감싸고 村煙含暮影

들판의 나무는 성긴 그늘을 지었구나 野樹作疎陰

초생달이 이제 막 생겨 나와 비춰더니 纖月初生影

어느 새 온 숲에 밝은 빛 휘황하다 明輝已滿林

백발의 머리 더 흰다 해도 막을 수 없지만 非關添白髮

어미의 성심만은 비추어 돌려보내 주려마 還得照丹心

지팡이 짚고 밖에 나서면 서리꽃이 차고 倚伏霜華冷

책을 펴면 촛불 속 네 모습 더욱 아른거린다 披書燭影心

갇힌 새는 어미 그리워 언 날개 뒤척이고 幽禽翻凍翮

늙은 학은 청승스레 새끼 찾아 읊조린다 癯鶴和淸吟

휘장 속에 놀라 깨니 꿈은 아직 남았으련만 帳裏驚殘夢

바람결에 멀리서 다듬이 소리 들려오누나 風邊送遠砧

호기로운 칼날 같은 냉정함 여전하지만 豪情依寶劒

거문고의 먼지 털고 흥을 돋구어 보누나 逸興佛謠琴

이별한 사람은 듣지 말게 할지니

공연히 이별의 아픔만 밀려오누나

잠 안 오는 밤 한가로히 차茶 끓이는데 烹茶閑不寐

외로이 한구석에서 홀연히 새벽 닭소리 들린다 孤角忍晨音

겨울밤에 독서하며 冬夜讀書

거문고의 선율은 청아하게 흐르는데 淸切琴聲轉

칼로 에인 듯 마음은 창망하고 허전하구나 蒼芒劍氣虛

삼경에 내린 눈으로 매화 가지는 휘고 梅模三夜雪

달빛은 한자락 마루 위에 글 쓰누나 月照一牀書

쓰러지는 불에 차茶 끓이자니 더디기만 한데, 細火烹茶緩

그윽히 풍기는 향기는 데운 술 남았구나 微香煖酒餘

멀찍이 등불 낡은 벽에 걸렸는데 疏燈掛古壁

지을 수 없는 수심에 새벽빛만 고요하구나 耿耿曉光徐

우현 서택춘매 右賢 西宅春梅

차 끓이는 화롯불 다둑인지 몇 해이런가? 幾年支火小茶爐

일심공덕 있고 없음이야 정해져 있는 것을 一點神功定有無

차 마신 후 으레 거문고 절로 쓰다듬어 啜能淸琴還自撫

어여쁜 달 떠오르면 누구 불러 볼거나 看來好月竟誰呼

다반에 찻사발 푸르름은 경호차빛이요 春盤椀碧添瓊露

낡은 벽 검은 대롱 연기에 서린 그림이네 右壁煙籠作粉圖

잔 가득 채운 술 기다리는데 망설여 무엇하랴 滿酌何須待旨酒

내일의 야외 산책길에 굳이 호리병 가져가리라 踏靑明日更携壺

고요한 밤에 차茶를 달이며 右靜夜烹茶

몇 해 두고 터를 가려 한수 맑은 물가에 집을 지어 卜築幾年淸漢濱

이제 올라와 굽어보니 마음 더욱 새로워지네 登臨此日意逾新

나루터 모래밭에 날리는 꽃잎 눈송이련가 沙明渡口花如雪

물가 바윗머리 이슬 젖어 자란 풀 봄이 한창이고 露濕頭草日春

밤이 되면 수각문 열어 예쁜 달 맞이하네 水閣夜開迎好月

낮이면 버들에 가리운 문 닫아걸어 세상사 끊도다 柳門晝絶鹿

긴 노래 한 곡조에 갈매기 날개춤 희롱하면서 長歌一曲飜鷗戲

오래도록 님과 함께 연기와 노을지는 사연 알아보리라 應識煙霞舊主人

아우에게 주다 贈舍弟

이몸 늙어 쇠약한 것 어찌 다 말하랴만 五衰那足道

너 또한 늙었거늘 마음에 걸리누나 君老亦關情

지팡이 의지하여 밖에 서면 바람이 찬데 倚杖金風冷

난간에 피어난 옥 같은 이슬 맑기만 하네 開軒玉露淸

비록 거문고와 퉁소는 떨쳐 버렸어도 雖無絲管拂

그런대로 술과 안주 갖추어 있음이랴 還有酒茶拜

회나무 그늘에 한가로히 졸면서 閑睡槐陰下

공명과 영달만 다툰들 무엇하리오 何如名利爭

3. 유한당幽閑堂 시

유한당 홍 씨의 이름은 원주原周이다. 아버지 족수당 홍인모와 어머니 영수합 사이에 태어난 삼남이녀 중 두째 딸인데 세상에 알려진 문장가 큰 아들 석주奭周와 둘째 길주吉周 다음이었다.

그녀는 인품이 매우 그윽하고 점잖아 유한정정幽閑靜貞이라고도 하였다.

그가 청송 심씨 문중으로 출가하여 남편 심의석沈宜奭과 부부금슬이 무난하였으나 자식이 없어 심성태를 양자로 들였다. 36살 때 두 살 연하였던 심의석이 먼저 세상을 떠나자 나머지 여생을 양자와 더불어 마쳤다.

유한당은 16살 되던 1807년에 시를 짓기 시작하여 적어도 1842년까지는 생존하여 작품활동을 한 것으로 나타나 있어 그의 일생은 문학과 차茶달이기로 지탱하여 온 것이 아닌가 싶다.

어머니인 서씨 영수합은 쉰 살이 넘어서 시를 짓기 시작 한 것에 비해 그녀는 어려서부터 창작 생활을 하였다. 때문에 어머니의 작품은 차분한 반면 유한당의 시는 현실적이며 매우 적극적인 표현이라고들 한다.

꿈속에 간 고향집 夢歸

내 마음 먼 곳 나그네 느낌인데 心似爲遠客

고향에 왔노라고 누구인가 말하지만 誰云歸故鄉

언덕에 가려 서쪽 하늘 눈길 닿지 못한 채 目斷朧西簾

어머니 찾아가던 꿈 조각나고 말았구나 片夢歸萱堂

문 앞에 버드나무 연기 아직 푸르르고 門柳烟裡碧

뜰 앞의 국화는 서리 내려 노란빛 잠깐인 것을 庭菊霜逶黃

아버님 어머님이 딸자식 생각나시면 爺孃憶阿女

살포시 들창 밀치고 밝은 저 달 보옵소서 堆窓看月光

반가움에 기뻐하며 무릎 앞에 절하오니 歡喜拜膝前

손 마주잡고 평상 위에 함께 올라 携手共登床

이별했던 긴 정담은 한창인데 盛說別離情

옷자락 당기는 어머니 곁에 앉아본다 牽依在母傍

그 아래 왁자지껄 형제들의 웃음소리 下有兄弟笑

기쁘고 즐겁고 오롯한 한가족 怡怡成一行

은촛대에 불당겨서 그림벽 밝혔으니 銀燭畵壁明

금잔에다 따른 보배로운 차 더욱 향기로워라 寶茶金幐香

닭이 울고 관병의 피리소리 요란한데 鷄鳴官笳動

긴긴 가을밤이 짧기만하네 秋夜猶未長

바라건대 저 구름 속 한 마리 기러기 되어 願作雲裏鴻

이 마음 내키는 대로 빙빙 날아 봤으면 隨意任翶翔

마음 속을 경건히 敬茶

벼루를 처음 열 때 밤이 시를 재촉하니 初開寶硯夜催詩

하늘에 북두가 빗겨 달 뜬 지 오래인데 星斗橫天月出遲

누대 위에 높다란 등불 걸어 가까이 앉아 掛燈開坐高臺

눈송이 바라보며 차茶달이는 즐거움을 즐기노라 看雪烹茶樂自知

막내 영명에게 又次永明

난간에 기대앉아 떠오르는 달을 보며 乘月憑欄坐

느긋이 자리한 설봉을 마주 대한다 悠然對雪峰

하얗게 서리 내려 밤은 더욱 차가운데 淸霜添夜冷

노목은 앙상한 그림자를 뜨락에 묶어 놨구나 老木結庭陰

유란한 바람소리 귓가에 차갑게 울고 風動鳴寒角

새들은 먼 숲속 울면서 찾아드는데 鳥啼飮遠林

나비 쫓아 꿈꾸던 어린시절 돌아가고파 思歸隋蹀夢

이별에 한스러움 구름만 보아도 마음 설레네 恨別看雲心

화로 연기 찾아들어 차가 달여지면 茶熟爐煙細

매향은 합문 안에 언제고 짙게 깔렸지 梅香閤影深

반가운 사람 온다치면 고향소식 물으면서 逢人問鄕信

나도 잊어버리고 곧잘 읊었던 것을 遺我多佳吟

또 한해를 객사에서 맞으니 천지도 놀랍고 旅館警新轉

촌가에선 어지러이 저녁 다듬이 소리뿐 村家亂暮砧

책상머리 옛 책은 펼쳐진 채 床頭披古卷

벽에는 덩그러니 요금만이 걸려 있네 壁上掛瑤琴

하늘은 넓어도 은하수는 벌써 자리를 틀고 天闊銀河轉

누각은 높아서 답답하게 푸른 봉우리 막아 있고 樓高碧岫寢

흘러내리는 물소리 듣지 않으려 귀 막아도 欲斷流水曲

가냘프게 들려오던 여운은 남아있구나 嫋嫋有餘音

연구聯句(연작 시)

비 개인 끝이라서 초생달은 더욱 밝아족수당 霽餘新月照睡堂

이리저리 그림자 성긴 발 안으로 흩어 들고 流影上踈簾

먼 데서 오신 손들 주흥에 쏠려 있는데영수합 遠客編多興

술빛 달빛 둘 다 마다하지 못하겠구나 淸光兩不慵

공허하고 신비한 하늘 넓기만 한데석주 虛明天宇闊羲周

비와 이슬 내려 꽃을 적시고 滴瀝露華沾

누각은 허공에 의지한 듯 요원한데길주 樓閣憑空遠吉周

산봉우리는 겨울도 뚫을 듯 뾰족하구나 峯巒入鏡尖

구름이 돌아가면 구름 밖은 고요한데[원주] 雲歸雲外靜原周

수목 사이로 별이 보여 더더욱 그렇거니 星出樹間添

밤이 깊을수록 등불은 재촉하여 흐려지고[현주] 催夜深燈翳顯周

바람이 읊어대는 소리는 단각처럼 냉냉하구나 吟風短角嚴

서로 만나 환소함도 족한 것이거늘[족수당] 相看歡笑沾

빙 둘러 앉아서 취한 듯 깨어 있으니 團坐醉醒歛

동산에 붓을 쥐고 시회를 열었는데[영수합] 揮筆聘詞苑令壽閤

시간 안에 못 맞추면 술마시는 벌이라네 傾壺報漏籤

섬돌 위에는 보배로운 꿈나무들 늘어서서[석주] 繞階羅寶樹頭周

반찬과 소금 갖추어 공양하고 供膳和品鹽

차는 익어 시정에 젖어드니[길주] 茶熟詩暘潤[吉周]

예쁜 손 섬세하여 거문고 소리도 맑구나 琴淸玉手纖

온 가족 화목하니 참으로 즐거워서[원주] 怡怡眞可樂原周

가면 갈수록 빠져드니 사양하지 못하겠네 去去不辭淹

일어나 하늘 보니 은하수가 기울었는데[현주] 起視銀河轉顯周

좋은 생각 품었는지 늙은 달님에게 물어본다[족수당] 佳懷問老蟾足睡堂

두 시의 운을 따라 次杜

동산에 향기로운 풀잎은 푸르르고 官園芳草錄

나무 빛은 먼 하늘가에 가물거려 樹色遠天迷

누각은 고요하나 지게문은 바람에 열려 있고 樓靜風開戶

숲 속에 달빛 훤해지자 새들은 둥지 찾아 깃드누나 林明鳥起樓

산머리에 구름은 모였다가 흩어지고 山頭雲聚散

달은 난간 밖에 나지막이 걸렸구나 監外月高低

푸성귀 없는 철에 대접할 손님 오실지라도 有客存無綠

술 대신 차를 달여 내오누나 烹茶代酒携

4. 숙선옹주淑先翁主의 시

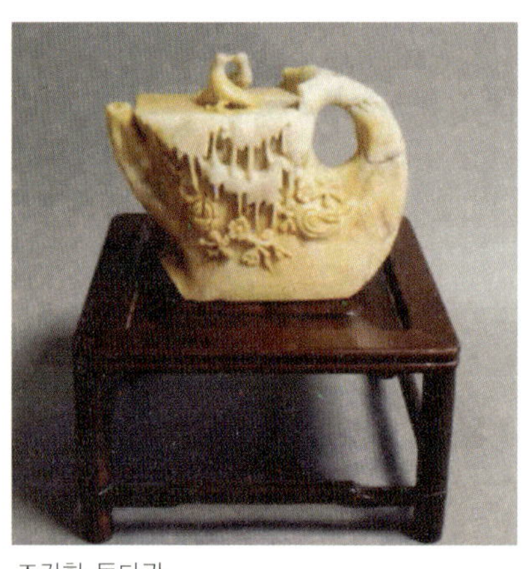

조각한 돌다관

숙선옹주는 정조 17년(1793년)에 수빈 박 씨의 몸에서 태어나 8살에 부왕인 정조를 여의였다. 순조純祖가 등극하여 하나 밖에 없는 여동생을 측은하게 여기어 총애하더니 12살 나던 해(1804년) 풍산인 홍현주洪顯周와 결혼시켰다.

그녀가 궁중에서 자랐으나 시가인 홍 씨가의 사랑을 받을 수 있었던 것은 비단 문학적 소양이 풍부해서라기보다는 지혜와 아름다운 마음씨로 우애가 깊었기 때문이었다. 그런 연유로 잔잔한 평화로움 속에 200여 편의 시를 남길 수 있었을 것이다.

　그의 시는 대부분 궁중을 무대로 쓴 작품들로서 어린시절을 회상하듯 여운을 남기고 있으며, 절구의 격식이 매우 정확하다. 그녀는 아들 우철祐喆 하나만을 낳았다. 훗날 그녀가 병들었을 때에도 시모(영수합 서씨)의 기일에는 반드시 초를 밝히고 혼자 앉아 밤을 새웠다 하니, 그녀는 효부이기 이전에 한 인간으로서 향기로운 여인인 듯싶다.

무제無題

마신 술이 깨었지만 취기는 조금 있어 飮酒覺微醉

새 향기 그리워서 차를 끓이네 煎茶愛新香

꽃잎은 어지러이 눈처럼 날리는데 飛花亂如雪

어느새 서원에는 석양이 지네 上林夕陽詩

주 : 상림上林－창덕궁 요금문 밖에 있는 어원御苑. 서원西苑이라고도 함

너에게 敬汝

4월이 오면 해 길어진다 하더니 孟夏日初長

봄바람 불어서 낙화가 봄소식을 전합니다 和風送落花

녹음진 봉우리마다 봄비 내리는데 綠陰千峰雨

집집마다 버들가지가 늘어져 있습니다 垂楊萬人家

산관(산에 있는 여관)은 늘 맑고도 고요한데 山館上淸靜

앵무새 소리만 번잡하군요 鶯歌自繁葉

한가로운 가운데 그윽한 흥이 있어 閑坐多幽興

시를 읊으면서 또 차를 마신답니다 吟詩更飮茶

그때 그 일들 郞事

매옥당에서 이슥토록 차 마시고 나오니 梅屋晩飮茶

오동나무 난간에서 자던 새 깨운다 梧檻宿鳥鳴

누구의 집에서 들려오는 옥피리 소리일까? 誰家聞玉笛

솔밭에서 푸른 샘물만 솟아나오네 松間碧泉生

이것저것 읊어보다 雜誦

산관에는 달빛이 밝고 山關映月色

창 앞에는 솔바람 일어 窓前起松風

옥천수 한 사발 떠마시고 玉泉飮一椀

오래도록 뜰 가운데 배회타가 徘個久庭中

피서는 그대로 잊어 돌아가니 避署仍忘歸

유흥은 다시 부족함이 없구나 幽興再不窮

우연히 읊다 偶吟

시냇가 푸른 이끼가 앉아 澗邊坐靑苔

솔잎 태워 차를 달인다 烹茶燒松葉

차 한잔 마신 뒤 시를 읊으니 傾盃復吟詩

꽃 사이 흰나비 춤 추누나 花間戲白蝶

늦게 읊조림 晚吟

해질 무렵 난간에 기대어 석양을 바라보니 夕陽獨倚欄

산속 외딴집에 봄기운 가득한데 春色滿山家

돌아온 새들은 대숲에 날아들어 歸鳥投竹林

누군가 시냇가에 앉아 차를 달인다 溪邊坐烹茶

5. 운초당雲楚堂의 시詩

운초당은 정조 때의 사람으로 성천成川 출신의 기녀 김부용金芙蓉을 말하며, 운초는 그녀의 호이다. 그는 시문에 재능이 뛰어났을 뿐만 아니라 가무歌舞에도 능하였다고 전해지고 있다. 그가 남긴〈운초당시고〉에는 약 300여 수의 시가 실려 있다. 그 중에 차茶와 관련된 시는 단 두 편으로 다음과 같다.

강기슭에서 쓸쓸한 가을을 생각하며 江左秋思

석양 산자락에 서서 차 마시니 山倚能對殘暉

엉성한 단풍잎 우수수 낙엽지네 楓葉蕭蕭漸看稀

교창암한 들판에 짝 잃은 새 날아가고 野色蒼茫孤鳥遠

해는 저녁 뭉게 구름 속에 지누나 天光搞旎暮雲飛

소상하게 말하려는 것도 헛된 생각 細論素抱心如盡

무심결에 집어든 국화꽃 이슬에 옷이 젖네 暗拾黃花露滋衣

아득한 하향길 뒤돌아보니 다시 올 생각 없으매랴 望極京歸還恍惚

넋 잃고 우는 갈매기 따라가 돌아올 줄 모르네 魂隨鳴추時歸

납평제를 지내고 여러 벗님과 화운하며 臘夜奉和諸公

세월은 흘러흘러 끝없이 가버리고 年光冉冉去無涯

세상 일 서로 겨다보니 머리는 백발이라 人事相關髮己華

밤은 이미 귀신들이 범할 시각인데 夜色靈明侵漏箭

고이 감춘 춘심을 저 매화가 보여주네 春心隱約見梅華

현사들 모두 다 조용한 곳 찾아 산으로 갔는데 時賢畢至山陰墅

어찌 선비들 집에서 다설을 논하랴 茶雪爰論學士家

술과 문장은 기강이 혼탁하니 樽酒文章훈氣像

둘러앉아 짝하기에 아득한 세상이네 也應圍作半霞

주 : 납야臘夜:농사 및 기타 일을 제신諸神에게 고하는 제사

　　염염冉冉—세월이 흘러가는 모양.

6. 죽서당竹西堂 박 씨의 시

죽서당 박 씨는 헌종憲宗(1829년
~1829년) 때 사람으로 박종언의 측
실에게서 태어난 딸이다. 당호堂
號가 죽서竹西요, 아호는 반아당半
啞堂이라 했다. 아호가 말해주듯
이 그녀는 서녀庶女로 태어났음을
평생 한탄하며 반벙어리처럼 살
았으니 생각하면 애처롭기만 하다.

청매화

　어려서부터 깨달음이 뻬어나 아버지 곁에서 글을 듣기만 하면 빠
짐없이 다 외우는 천재적인 재원이었다. 그러나 어머니가 측실이
기 때문에 죽서 또한 서기보徐箕輔의 측실이 되었다. 당시로서는 어
찌 할 수 없는 운명이었으니 그 억울한 한을 문학으로 견디려 하였
으나 그녀의 일생도 짧아 남긴 시는 179편이었다. 죽서당시집竹西堂
詩集이 그녀의 문집이다.

이른 봄 봄철에 생가대로 적다 早春書懷

가벼운 바람 난간 창살 살랑이는데 陳陳輕塞透櫳

발 나직히 드리워 놓고 다경 뒤적인다 低垂簾箔點茶經

산에는 허옇게 잔설이 남아 雪內山氣殘추白

차가움 속에 봄풀은 더욱더 푸르다 草得春心凍更靑

시심은 언제나 달밤이 정취이고 詩境現前通夜月

이름 있는 술은 예부터 천문에 씌어 있네 酒名從右列天星

덧없는 인생 이처럼 살아갈 수 있으랴 浮生若此能消受

흐르는 세월은 잠시도 머물지 않는구나 只恨流光不暫停

7. 호동서락기湖東西洛記

이 글은 금원당錦園堂이 썼다.

금원은 1817년(순조 17년)에 태어났으나 몸이 몹시 허약하여 늘 병치레를 했다. 그래서 그의 부모는 길삼이나 육체적인 노동은 시키지 않고 글을 가르친 바 곧 경사經史에 통달하였으나 여자로 태어나 쓰일 곳이 없음을 한탄하였다.

그녀는 열네 살 어린 나이에 남장으로 가마를 타고 호동지방湖東地方(강원도 북부 일대)을 여행하였다.

국화문 돌다완(小)

'제천堤川, 단양丹陽 등 네 개 군四個郡을 두루 유람하고 마침내 단발령斷髮嶺에 올라 금강산을 바라 보니 일만 이천 봉이 흰눈에 쌓여 옥玉을 깎아 세운 것 같았다.

서산西山에 눈이 쌓이면 지

날 수가 없으므로 모두들
발을 재촉하여 이곳을 연
경燕京 팔경의 하나로 꼽
았다. 장안사長安寺에 들어
서니, 금사세초金沙細草가
평평히 깔려 있고, 장송이
수리數里는 됨즉하게 늘어 서 있다.

　주승主僧은 연로한데도 석장錫杖을 짚고 있었다. 전하는 말에는
이곳은 신라가 망하여 마의태자가 피난한 곳으로, 그는 베옷을 걸
치고 초식하며 일생을 마쳤다고 한다.

　표훈사表訓寺에 들러 목을 축이고 백운대로 올라가니 마치 하늘
에라도 오른 듯 깊은 골에는 사찰들이 운문에 가리어서 한 폭의 그
림을 내려다 보는 듯하였다.

　보덕굴普德窟을 구경하고 청룡담靑龍潭에 이르르니 물빛이 몹시
푸르른데 이곳이 곧 팔담의 근원지로 영랑참永郎站 수미봉須彌峰의
동쪽 비로봉이요, 금강산의 최고봉이다.

　진주담眞珠潭 못가에 다달으니 수렴동水簾洞이라고 돌에 새겨져
있는데, 팔담의 관冠이라 했다.

　유점사楡岾寺에 드니 여기서부터는 외금강이다. 유점사에는 53좌
의 목불木佛이 있는데 느릅나무楡로 제작하였으므로 유점사라 한
다.

　유점사의 법당 동쪽에는 맑고 감미로운 물맛의 우물이 있다. 예
전에는 없었는데 어느 날 홀연 까마귀가 땅을 쪼고 있으므로 중들
이 파보니 샘이 솟았다 한다. 그래서 오탁정사烏啄井寺라 이름하였

는데, 광묘光廟의 필임지躍臨地였다. 여기에는 예묘睿廟, 성묘成廟에서 하사한 어필문권御筆文券들이 별축한 어실에 봉안되어 있다.

고성을 돌아서 삼일포를 찾아가니 송림이 호수빛을 가리어 겉으로 환히 드러내지 않고 비친다. 북쪽으로 층을 거슬러 올라가면 바다는 넓고 광대하며 서쪽으로 층을 끼고 산봉우리들은 죽순이 돋아난 듯 기암들이 우뚝우뚝 솟아나 있다. 바닥에는 반짝이는 모래만 골라서 깔아 놓은 듯한데, 문 앞에는 큰 바위 등에다 ‘삼일호三日湖’라 새겨져 있다.

산에서 배를 불러서 호수에 띄우는데 호수는 바닷물이 동북에서 흘러들어 이루어지고 있다. 물이 푸르기가 마치 쪽빛의 물결 같고 맑기가 거울 같아도 백로와 갈매기가 놀라지 아니하며, 그리 깊지 않아서 수초들이 얽히고 설켜 있다.

꼭대기에는 섬풀이 벌려 있는데 모두가 흰돌 무더기로 이루어져 있고, 푸른 나무에 덩굴이 덮이고 얽힌 채 서른여섯 봉우리가 모두 손을 마주잡고 절하는 듯하다. 그런가 하면 한 편으로는 서로 둘러싸서 방긋이 웃는 것도 같고, 너울너울 춤이라도 추려는 듯하기도 하다. 또 바위모양이 솥이나 종처럼도 보이며, 모두 머리를 안쪽으로 향해 돌리고 있는 광경이 너무도 정숙하여 아름답고 빼어나다. 그것은 흡사 그윽한 곳에서 정절을 지키는 여인과도 같고, 엷게 화장한 모습 그대로 얼어붙은 듯 서 있는 아름다운 자태가 가히 움켜잡고 싶을 만하다.

고족배

　중국의 옛사람들은 서호를 항주의 얼굴로 여겨왔는데 나 또한 이 호수를 관동의 얼굴이라 말하고 싶다.

　이곳은 신라 때 선인이었던 영랑永郞, 술랑述郞, 안상安詳, 남석南石 네 사람이 정자의 낮은 곳에 배를 매어 놓고 노닐던 곳이다. 호수이름이 삼일호三日湖인 것도 사선四仙이 여기에서 삼일 동안 놀았기 때문일 것이다.

　섬 가운데 큰 바위들이 쌓여 있고, 그 위에 정자가 있으며, 모양은 엎드려 있는 호랑이 같고, 떨어져 내리는 송골매 같은가 하면 거북이 같기도 하고, 붕어 같기도 하다. 정자 주변의 바위가 자연적으로 난간처럼 만들어져 있고 정자는 네 칸으로 되어 있다. 기둥은 육면석六面石인데 그 절반은 정자 안으로 이어져 있다. 방의 마루는 설치하지 아니하고 다만 기와와 벽돌만을 깔았다. 호수의 사방에는 겨우 화살 몇 개 길이의 땅이 둘러 있다. 사방 둘레 사이의 거리에서 세상의 너저분한 일과 속된 생각을 깨끗이 씻고 여기에 이르면 사람의 몸에 날개가 생겨 하늘로 올라가서 신선이 된다 한다.

　시판詩板이 무척 많은데 절구 한 수가 맘에 든다.

　남쪽 갓봉 석벽에 '술랑도남석행述郞徒南石行'이라는 여섯 자가 새겨져 있고, 서남 벽면에 '양봉래楊蓬萊'라는 큰 글자가 새겨져 있는 것으로 미루어 종鍾이 걸려 있었던 것 같다.

　바위 아래로 평평한 초楚나무 숲을 지나면 앞이 확 틔여 아름답고 곱다. 길가에는 해당화가 바야흐로 한창인데 바닥에는 한결같이 고운 모래가 펼쳐져 있어 밟으면 바삭바삭 소리가 난다. 이래서 세상 사람들이 명사십리해당화鳴沙十里海棠花라고 하는 듯 싶다. 걸어 가면서 절구 한 수를 읊어 본다.

온갖 꽃은 봄이 이미 늦었지만 白花春已晚

해당화만은 한창 붉어 있다 只有海常紅

해당화도 다 지고나면 海常若又盡

할 일 없으니 다시 허전하구나 看事空復空

간성杆城을 향해 돌아가면 바다에 연한 청간정淸澗亭이 나오는데 간澗이라 이름 지은 뜻을 더 말해 무엇하리…….

정자 앞 바닷물 가운데 엎드려 있는 돌이 거북이 같아 거북바위라 부른다. 바위 중에 자마석自磨石이라는 돌이 있는데 돌 위, 아래에 섬세하게 조각한 것이 있다. 자마自磨, 즉 스스로 갈았다 하나 어찌 홀로 갈았으랴. 먹으로 쓴 글자가 몇일만에 쉽사리 지워졌다고 하는 것은 이치에 맞지 않는다.

정자 위에 앉아 달 뜨는 것을 보려고 하니, 첫닭이 울 때가 되어서야 홀연 영롱한 구름 사이로 반륜半輪의 빙옥氷玉처럼 숨었다가 나타났다 하더니 점점 그 진면과 광색을 드러냈다. 다동茶童에게 일러 차茶를 내오게 하고 먹을 갈아 시를 지었다.

조각진 하늘이 해 저문 구름 가에 푸른빛 나타내고 片天靑綻暮雲邊

만상은 새롭게 모두가 새해의 시작을 펼치누나 萬象新同開闢年

사리를 눈치 채 어린 종은 차를 달이려 하고 解事系童將煎茗

이지러진 조각달은 솔 사이로 들어와 맑은 샘물 길으려 하네 漏松缺月汲

淸泉

금원은 죽서당 박 씨와 시를 주고 받던 가까운 사이였다. 그래서 죽서의 시집竹西詩에 발문을 쓰기도 하였는데 그 내용은 다음과 같다.

'오호라, 이 책은 죽서가 지은 것이니, 그 사람을 보는 듯하구나. 맑은 눈설미, 고운 얼굴, 은은하게 종이와 먹 사이에 비추이니, 행실이 지극히 담연하다는 것을 알지만 그 시가 마치 숲 아래 이는 바람과 같은 멋을 갖추었다는 것은 오로지 나만이 알고 있다. 안목이 있는 자가 죽서의 시를 읽으면 내 말이 거짓이 아니란 것을 역시 알 것이다.

죽서는 나보다 몇 살 아래이지만 어려서는 같은 시골에서 자랐고, 같이 한양으로 오게 되어 서로 오가며 시를 주고받은 것이 많았다. 그러다가 갑자기 이 세상에서 자취를 감췄으니 잘 모르기는 하지만 아마 저 세상으로가 갔나보다. 이제 나와 죽서가 같이 남자로 다시 태어나, 혹은 형제가 되고 혹은 벗이 되어, 시를 주고받을 수 있지 않을까 생각한다.

슬프도다. 신해년 가을 중순에 금원錦園이 제하다.'

당시의 시대적 상황에서 여류문인끼리 주고받은 정이 아름다울 뿐만 아니라 시를 믿고 의지하며 신앙으로 승화시켜 살아온 그녀들에 의지력이 있었기에 역사는 새로운 시대를 열어 가나보다.

청화백자 다식 접시

8. 소파小坡의 시

소파는 1889년, 해주 오씨 가문에서 태어났다.

그녀는 아홉 살 때에 이미 천자문을 배워 익혔으며, 선생 앞에서 오언절구五言絕句를 지어 주위를 놀라게 한 천재였다. 열 살 때 백일장에서 장원하였고, 그의 나이 열넷에 아버지가 갇혀 있는 한양으로 천리길을 달려와서 각계에 아버지의 무고함을 호소하여 방면케 했다. 사람들은 그러한 그녀를 효녀라 하여 첫이름 덕원을 효원孝媛으로 고쳤고, 그를 일러 "효녀라면 고대의 제영緹縈(한나라 때 순우의淳于意딸)이요, 시詩라면 근대의 허난설이다."라고 하며 칭찬이 자자했다.

그는 신해영申海永과 결혼하였으나 곧 과부가 되어 평생동안 시를 벗삼아 살았다. 그녀의 시집《소파 여사 시집》은 3권으로 총 469수가 실려 있다. 그녀의 시 중에 차茶를 소재로 한 다음과 같은 시가 있다.

나라의 풍속이 어느 때부터 國俗自何時

남자를 중히 여기고 여자를 가벼히 여겼을까 重男不重女

한 편의 천자문을 一篇千字文

아홉 살에 학당에서 배웠다오 九歲學於序

잡영 雜詠十首其八

비 개이고 서루책 마루에 별이 드니 외롭지 않는데 霽景書樓興不孤

쓸어질 듯 비스듬이 고목은 성 모퉁이에 둘러 있고 扶疎古木繞城隅

끊어진 다리 위험한 돌들은 이미 얼었는데 危石斷橋永已含

해 저문 찬 눈발에 기러기는 짝 찾아 우는구나 暮天寒雪鴻相呼

늘그막에 으슥한 서원을 찾아갔더니 晩節行尋幽竹院

뜰 높은 집 안에서 화로에 차를 달이네 高堂坐推前茶爐

버들가지는 늘어지고 황매는 야위고 싶어 柳欲舒黃梅欲瘦

제 목소리 내기가 어렵거니와 묘사하기도 어려워라 最難題詠亦難圖

일당 이판서 一堂 李判書宅詩會

시연석의 주렴 높이 말아 올린 수서성에서 詩簾高捲水西城

좋은 날 택일하였으니 흥취 더욱 나누나 爲卜良辰興轉生

지루한 매화나무에 내리는 비 지나니 비석에 낀 이끼 더욱 푸르고 篆石
答滋梅雨遇

버들에 이는 가벼운 바람에 다로의 연기도 쉰다네 茶爐煙歇柳風輕

구십춘광 가고 꽃 피던 시절 꿈만 남노니 九旬春去餘香夢

3, 5월 돌아오면 나그네 정 어이할거나 三五月回奈客情

뒷곁에 푸른 솔은 백만장자 부럽지 않네 宅畔靑松封若立

저 소나무 대물려 가문의 명성 드러내누나 大夫傳世動家聲

여정부 관광단 동주 귀국 與政府觀光團同舟歸國

부평초처럼 떠돌다 모였지만 나그네 마음 너그러워 萍蓬重合客懷寬

멀고 먼 바닷물결 누선(배)을 타고 쉽사리 건넜구나 容易樓般涉遠瀾

몇 날 동안 새로운 견문을 많이 감당했건만 幾日多寒新見聞

일행은 오래된 의관처럼 아직도 여전하구나 一行搰有舊衣冠

비 오지 않으니 해상의 하늘에는 항상 노을이 많은데 海天不雨常多靄

봄바다의 물결은 바람 없어도 절로 출렁이네 春水無風自動寒

이 땅과 연금을 대하니 정녕 반가운 해후인 것을 此地聯襟誠邂

다찬茶餐 내오기를 사공에게 분부하누나 丹人分付進茶餐

장안사동에 거처를 정하고 卜宅長安寺洞興殊隱

수은 김병호 공과 도원결의하면서 金炳護結排園之誼

지금 내 마음 산수화 속 갇힌 버드나무 같건만 心懷如柳鎖煙霞

설령 봄이 올지라도 나는 집에 갈 수 있을까? 遮莫春光到俄家

도원에서 동맹한 결의를 의형제라 하면서도 同盟園誼分枡李

북녘의 채찍 고쳐잡고 술과 차를 권하누나 更把征鞭勤酒茶

평소에 먹은 마음 견디자니 가련한 모습 비치고 堪隣素志理塵鏡

억지로 시 한 수 짓고나니 갈가마귀처럼 부끄럽네 强作新詩愧墨鴉

텅빈 방안에 목석처럼 앉아 있노라니 盡日虛堂泥塑坐

어디선가 종소리 고요를 깨고 새소리 들리누나 鍾聲破寂鳥聲華

섣달 그믐밤의 느낌 除夜有感

밤이 깊어 오래건만 폭죽소리 드높으니 爆竹聲高殘漏永

새옷 다리는데 언니를 연거푸 부르누나 連呼姐姐熨新衣

눈 온 뒤 봄이 먼 줄 알았더니 春從雪後深深見

추위가 등불 앞에 쫓기어 맥도 못 쓰네 寒趁燈前略略微

매화나무 스민 향기 밤따라 풍겨나고 梅下心香隨夜動

차 달이던 화롯가 어릴 적 꿈 연기따라 날아갔네 茶邊小夢伴煙飛

칠 푼은 오뇌함이요, 세 푼은 근심걱정이니 七分懊惱三分羔

내일 아침 허리 둘레가 한 움큼 줄어들리라 明旦腰應減一圍

시내에서 빨래하는 노래를 흉내내어 擬唱浣谿紗

임의 충정 드러날까 두려워 비단 속곳 가려놓으니 畏洩春心冒新紗

녹의홍상 예쁘게 차린 마음 예쁜 꽃도 시샘하고 紅淸綠意嫩猜花

초생달 눈썹은 항아 같고 귀밑머리 곱게 걸어 올렸네 宮眉纖月斂鬢鴉

근심하듯 조용하고 나지막히 부르면 듣고도 못들은 체 悄悄低呼佯不答

저 손이 가는대로 옷이 되고 향차도 잘 달이고 着儂隨手調香茶

저 눈동자 흰자위 모아 곁눈질도 잘 한다네 曾伊眼角白波斜

9. 규합총서閨閤叢書

이 글은 빙허각 이 씨憑虛閣 李氏(1759년~1825년)가 썼다.

빙허각은 전주 이씨로 판돈령判敦領 문헌공文獻公 이창수李昌壽의 딸이다. 그의 어머니는 유명한 《언문지諺文誌》의 저자 유희柳僖의 고모이다. 그녀는 《임원경제지林園經濟志》의 저자인 풍석 서유구楓石徐有榘의 백씨 서유본徐有本에게 출가하였는데 두 집안 다같이 당시 실학의 선구자로 쟁쟁한 명사가 많이 나왔다.

빙허각 이 씨는 어려서부터 총명함이 뛰어나 15세 때는 이미 저술에 능하였다. 또한 학문이 박식하여 저 유명한 《임원경제지》를 썼던 시숙인 서유구가 형수인 그녀에게서 글을 배웠다 하니 그의 지식의 해박함이 어떠한가를 짐작케 한다. 규합총서는 그녀의 해박한 지식과 알뜰한 생활경험과 예부터 전해져 내려온 기록들을 살뜰하게 기록한 것으로 조선의 아름다운 귀부인의 참다운 면모를 느끼게 하는 귀중한 자료다. 《빙허각전서》가 세상에 알려진 것은 1939년 1월 31일인데 그날 동아일보 기사 중에 《빙허각전서》란 소제목으로 소개되었던 것이다. 당시는 《빙허각전서》, 《규합총서》, 《청규박물지》, 그리고 《빙허각고》 등이 모두 있었는데 오늘 날에는 《규합총서》를 제외하고는 찾아 볼 수 없다고 한다.

빙허각 이 씨는 51세 되던 1809년에 《규합총서》를 저작하고 66세 때 세상을 떠났다.

《규합총서》는 오늘의 우리들에게는 귀중한 자료일 뿐만 아니라 지혜의 보고이기도 하다.

다茶에 관하여서는 다품茶品 여섯 가지와 병과제품餅果諸品에 다식

茶食에 대한 기록이 있으며, 염색제법 등에도 차를 언급하고 있다.

10. 다품茶品

다백희茶白戲

설부說浮에 이르기를 차茶는 당唐 시대에 이르러 비로소 성하였다고 한다. 차茶를 끓이매 달리 묘결이 있어 물형物形을 이루는 것이 있으니 새, 짐승, 벌레, 물고기, 꽃, 풀의 물物과 리理가 공고히 섬세한 구름 같으나 다만 경각頃刻에 흩어져 없어지니, 이것이 차茶의 변화이므로 다백희多白戲라 부른다. 차의 이름은 옥선고玉蟬膏, 만감후晚甘候, 냉면초冷面草, 고구사苦口師라 했다.

다백희는 당, 송 때 가루차를 차솔로 저었을 때 만변하는 현상을 말한 것으로, 가루차의 진면목을 보여주는 것 같기도 하다.

병과제품餅果諸品으로는 떡 스물 여덟 가지와 면 세 가지, 과즙 스물 일곱 가지 중에 황률다식, 흑임자다식, 용안다식, 녹말다식 등이 있다. 염색으로는 황다黃茶나 고려근苦慮根, 또는 향유를 달여 흰모시에 들이면 고운 베빛과 같고, 금전화金錢花를 달여 주황빛을 들이면 꽃잎처럼 곱다.

소동파가 이르기를 제 때에 오는 봄비를 그릇에 받되 가운데 내리는 것을 받으면 가히 이름지어 형용할 수 없으니 차茶를 끓이거나 약藥을 달이면 아름답고 유익하다고 했다. 그 다음 가는 것은 정화수井華水니, 하늘이 아홉九과 둘二로 화곤和坤하고, 땅이 여섯六과 둘二로 위감爲感하기 때문에 천일위수天一爲水하여 사람이 먹으면 유익하다고 하였다.

※ 아래 글은 1988년 3월호에 차전문 월간지 《다담茶談》에 실렸던 필자의 수필이다.

차와 매향록梅香錄

우리 집에는 작은 분재盆栽의 매화가 해마다 화사한 꽃을 피우고 있다. 한 해도 거르지 않고 또박또박 계절을 찾아 피워주니 여간 고마운 게 아니다.

처음 분재의 경험이 없는 나로서는 잘못되어 꽃이 피지 않으면 어쩌나 하고 걱정했지만 추위에 끈질긴 생명력 때문인지 그럭저럭 십 년을 같이 살아왔다. 이제는 제법 고전의 티가 나서 꽃이 피면 만만치 않은 귀부인貴婦人을 연상하게 한다. 매섭게 추운 겨울 한 고비 넘기고 나면 어느새 앙상했던 가지에 이슬 같은 꽃망울이 점점 부풀어 꽃이 피는 것을 보면 새삼스럽게 자연의 신비에 감탄하게 된다.

해마다 삼월에서 삼월 중순까지 내내 꽃을 즐길 수 있는데 따스한 차 한 잔에 낙화 한 송이를 띄워놓고 조선시대의 선비인 양 객기를 부려보기도 한다.

꽃이야 어떤 꽃이든 예쁘지 않은 꽃이 어디 있을까마는 옛부터 매화를 높이 평가한 것은 그 향기 때문 아닌가 싶다.

우리나라에서는 홍매화나 청매화보다는 백매화가 흔

장미문 석다완

한데 그 중 가장 귀한 청매화는 그 향기가 으뜸이다. 백매화나 청매화의 꽃은 다 같이 흰꽃인데 다만 꽃받침이 녹색이면 청매화이고, 꽃받침이 자록색이면 백매화라고 하니 우리집의 매화는 분명히 청매이다.

예부터 매화차가 없는 것은 아니었지만 지금 내가 말하고자 하는 것과는 좀 다르다.

그동안 내가 여러 가지 생화로 차를 경험하게 된 동기는 《부생육기浮生六記》를 읽고 그 작가의 아내 운芸이란 여인이 화차를 만들어 즐기는 것을 알고부터다.

그녀에 의하면 비단 주머니에 잎차를 조금 사서 해가 질 무렵 연꽃이 오므라들 때 화심에 놔두었다가 다음날 아침에 꺼내서 맑은 샘물 끓인 물에 밤새 연꽃의 화심에 생기를 받은 차를 우러내어 손님에게 내거나 남편과 같이 음미하였다고 한다. 그후부터 나도 무슨 꽃이든 시험해 보았다. 그런데 꽃 중에 비교적 큰 꽃이면 운芸이가 한 것처럼 비단주머니나 한지에 싸서 꽃 속에 하룻밤 두었다가 쓰기도 하고 작은 꽃은 찻잔에 띄워 마시며 색·향·미를 음미하여 보았다. 모란꽃은 그 향기가 순하여 맛과 향이 순한 탓인지 그런대로 괜찮은데 백합이나 후박꽃같이 향이 짙은 꽃에는 독이 있어 그런지 입에 대기가 무섭게 구토증이 나서 혼이 나기도 했다. 나는 어쩌다 그때의 일을 생각하기만 하면 지금도 좋은 기분이 아니다.

앞으로 꼭 한번 실험해 보고 싶은 꽃이 있다면 그것은 연꽃으로 운芸과 같은 방법으로 해보고 싶은데 연꽃과의 만남이 이루어지지 않았다.

아무튼 꽃차가 유명한 것은 중국인데 그 종류만 하여도 백 종이

넘는다고 한다. 우리나라에 알려진 것은 주로 자스민차이지만 나는 이러한 꽃차나 향을 별로 좋아하지 않는다.

꽃차는 찻잎을 발효시킬 때 꽃잎을 섞거나 향료 등을 넣어 만들기 때문에 내가 말하는 생화의 맛과 향과 멋과는 전혀 다르다.

녹차의 빛깔과 그 맛은 고스란히 살리면서 또한 꽃의 생향生香도 제대로 살려야 한다. 그래서 향이 차와 한 치의 빈틈도 없이 잘 어우러져 서로 균형을 잃어버리지 않아야 한다.

만약 서로의 균형을 잃게 되면 어쩐지 경박하고 잡스러운 맛으로 변한다. 내가 경험한 바로는 차의 농도며 찻잔의 빛깔에 따라 달라지기도 하지만 꽃은 한 두 송이만 띄우는 것이 우아하고 고급스럽다. 이에 비해 꽃을 많이 띄울수록 천박한 맛이나 주변의 분위기를 흐리게 하여 격이 떨어지고 뒷맛이 개운치 않다.

꽃차 중에 청매화차는 그 맛이 수려함은 물론이고, 신묘하기까지 하였다. 이러한 사실은 말로 하는 것보다는 매화가 피는 계절을 놓치지 말고 실제로 경험삼아 한번쯤 해보라고 권하고 싶다. 차란 어차피 색과 향과 그리고 맛과 멋이 함께 어우러져야 하는 것이 아닌가. 매화는 자칫 계절을 놓치면 그 향취를 느낄 수 없는 것이기에 더더욱 귀한 것인지도 모른다.

올해도 매화 꽃잎이 한 송이 두 송이 떨어질 무렵 시인인 신 여사에게서 마침 전화가 왔다. 그래서 지금 곧 우리 집으로 와달라고 하였더니 무슨 일이냐고 다그쳐 물었다. 어쩔 수 없이 매화차의 이야기를 하였더니 기왕이면 경치 좋은 곳으로 안내를 하겠다하여 나는 급히 차와 일곱 송이의 꽃을 옥색 한지에 싸가지고 약속 장소에서 신 시인을 만났다. 이런 때는 무조건 여사를 따라가기만 하면 되는 것이다. 방향은 우이동이었으며 하늘은 잔뜩 흐린 채 춥기까지 하였다.

우리는 차에서 내려 한적한 비탈길로 올라가다보니 건너편 인수봉이 손에 잡힐 듯이 가깝게 느껴졌다.

주변은 아담한 빌라촌으로 서구의 한적한 도시같은 분위기였다. 우리는 이층으로 올라가 초인종을 누르니 기다렸다는 듯이 문이 열리며 남자 특유의 묵직한 목소리가 반겨주었다.

"어서오십시오. 시간을 꼭 지키셨군요."

그런데 나와는 초대면이었다. 그가 시인이며 독신자라는 소개를 받으니 여간 조심스럽지가 않아서 나는 어색함을 감출 수가 없었다.

안으로 들어가니 거실과 부엌이 한 눈에 보였다. 그는 막 아무개 시인이라고 했는데 성품이 얼마나 깔끔한지 곧 알 수 있었다.

거실의 유리창밖에는 잠시 전에 보았던 인수봉이 병풍처럼 펼쳐져 있었으며 골짜기에는 잔설이 남아 있어 한 폭의 동양화를 방불케 했다. 이때 신 여사가 오기를 잘하지 않았느냐는 듯 물었다.

"어떠세요? 이곳으로 오시자고 한 뜻을 아시겠지요?"

그러나 나는 내심 걱정이 있었다. 그것은 이 집 주인은 남자이고 연세도 좀 있어 보이는데 어떻게 차를 준비하나 하는 것이었다. 그때 여사는 재빠르게

"선생님, 오늘은 우리가 주인이고, 선생님은 손님이 되셔야 합니다."

하고 선수를 치고 나섰다.

"허허! 뜻이 정히 그렇다면 그렇게 하시지요, 뭐!"

박 시인은 순순히 호응해 주었다.

우리는 가벼운 마음으로 찬장을 열어 보았더니 잘 정돈 되어 있었다. 다관이며 찻잔도 있고, 산에서 길어온 물도 있으니 이런 것을 보고 금상첨화라고 하는 것 아니던가.

모든 준비를 끝내고 약간 고조된 분위기를 가라앉히며 차를 따라 매화를 한 송이 잔에 띄워 박 시인에게 드렸더니 조용히 눈을 감고 음미하는 것이었다. 우리는 인수봉을 바라보며 서로가 말이 없이 자연스레 상념에 잠겼다. 그러한데 갑자기 유리창에 햇빛이 부딪쳐 반짝 하더니 건너편 인수봉에 진홍의 산호가지가 그물처럼 뻗어 거대한 황금의 궁전을 연출하는 것이었다. 그리고 곧 수초처럼 움직이던 구름이 순식간에 햇빛을 삼켜버리니 인수봉은 어느새 은빛으로 변해 있었다. 실로 짧은 순간의 일이었다.

우리는 여전히 말을 잃고 있었다. 그러면서 몇 잔의 차를 더 마시니 매향만 주변을 감돌고 있었다.

서로가 말이 없던 그날의 찻자리야 말로 무담이 유담되고, 다시 다담이 된 멋진 자리가 아니었던가 싶다. 그렇게 우리 집의 청매화는 십 년 만의 외출을 풍류로 즐겼다.

차의 요결

(1) 차는 청결淸潔인 동시에 위생학衛生學이다.
(2) 차는 수행修行인 동시에 건전한 정신精神이다.
(3) 차는 철학哲學인 동시에 섬세한 과학科學이다.
(4) 차는 전통傳統인 동시에 살아있는 문화 文化이다.
(5) 차는 경제經濟인 동시에 성실한 사업事業이다.
(6) 차는 예술藝術인 동시에 무한한 창작創作이다.
(7) 차는 사교事敎인 동시에 의례(의례의 질서秩序)이다.
(8) 차는 일상日常인 동시에 지혜로운 교육敎育이다.
(9) 차는 실학實學인 동시에 정직한 이성理性이다.
(10) 차는 음악音樂인 동시에 지극至極한 지선至善이다.
(11) 차는 건강健康인 동시에 미학美學의 우주宇宙이다.
(12) 차는 순리順理인 동시에 행복幸福한 염원念願이다.

• 이상은 경신인화敬信人和로 행복한 삶이다.

부록

절하는 법

사람은 인사하는 것만 보아도 그 사람의 인품을 알 수 있다. 그리고 생활 예절은 가정에서부터 시작된다.

예로부터 예의가 없는 사람은 금수에 비유하였으며, 예의가 바르지 못하면 교만하고 거칠어지기 쉽기 때문에, 우리나라에서는 예절교육을 엄격히 해왔다.

우리의 전통으로 한 집안의 가풍은 곧 그 집안의 법이 되었다. 여자는 시집을 가면 시댁의 가풍을 따라야 하며, 평생동안 아내로써, 어머니로써의 막중한 책임을 다해야 했다.

여인의 예절 중에는 절하는 법을 으뜸으로 쳤다. 그리고 그 절도 남자의 절보다는 우아함을 강조한 여자의 절이 다양하며 까다로와서 어려서부터 익혀야 했다.

한 나라의 운명이 여성에게 달려 있다는 말이 있는 것은 자자 손손 훌륭한 자식을 길러 나가야 하는 여자의 의무가 옛날이나 지금이나 다를 바 없음을 뜻한다. 거기다 사람은 혼자 살아갈 수 없으므로 적어도 기본적인 예는 지켜야만 하는 것이다.

절은 한복을 입고 하든 양장을 입고 하든, 존경하고 공경하는 마음으로부터 우러나온 태도라야 아름답게 느껴진다.

옛말에 ‘예란 사람이 지켜야 할 마땅한 도리로서 지나침도 부족함도 없어야 한다’ 고 했다. 이 말은 예도 지나치면 교활하고 천박하게 보이며, 부족할 때는 성의가 없어 보인다는 뜻이다. 그러니까 예란 언제나 중용의 도를 지켜야 한다는 말이다.

우리는 우리의 예절을 까다롭다고 귀찮게만 여겨서는 안 된다. 서양식이든 우리의 것이든 잘 모른다면 자식들은 무례한 인간으로 성장할 수밖에 없을 것이며, 이것은 여성의 책임이 아닐 수 없다.

오늘날 잊혀져 가고 있는 우리의 예의 범절은 우리가 찾아 익혀야만 한다. 조용한 아침의 나라, 평화로운 한국의 여인이 절하는 모습은 한 폭의 동양화이며, 한국의 여인이 아니고는 해낼 수 없는 아름다움이기도 하다.

(1) 큰절

큰절[大禮拜]은 궁중에서 가례嘉禮식 때에 하던 절이며, 평민은 혼례 때와 폐백을 올릴 때, 또는 부모의 회갑 때에 하는 절이다. 보통 평생을 통하여 몇 번밖에는 하지 않는 절이지만 여자라면 누구나 해야 하는 절이기도 하다.

평민의 경우 단 한번의 호사스러움인 혼례식에 원삼 족두리와 왕비가 정장 때 쓰던 용잠이나 봉잠을 꽂고 육례를 치를 때 이 절을 한다.

두 손은 이마에 올려 얼굴을 가린 상태로, 양팔은 들러리의 부축을 받아서 천천히 앉는 자세로 절을 한다. 이 때 신부는 신랑에게 재배를 하고, 신랑은 신부에게 답례로 일배 반을 한다. 절을 할 때 손을 포개는 위치는 여자는 오른손을 위로 하고 남자는 왼손을 위로 한다.

절하는 모습의 연속동작

큰절

평절은 가장 가볍게 할 수 있는 절이다. 한복을 입고 할 경우에는 사진과 같이 하고 양장을 입고 할 경우에는 무릎을 꿇거나, 다리를 살짝 옆으로 비켜 앉아서 한다.

위쪽은 한복을 입고 큰절
을 하는 모습을 연속으로
나타낸 것이고, 아래는 손
모양과 발 모양을 보이기
위한 것이다. 큰절을 옆사
람 보조없이 하기는 매우
힘들다. 그러므로 발동작
을 자세히 살펴서 익히도
록 한다.

(2) 평절

평절平拜은 보통 동서끼리나 자매·형제 사이의 격이 같은 동격일 때
가볍게 하는 절이다. 이 절은 두 무릎을 같이 세워 쪼그리고 앉으며, 양팔
은 옆으로 내린 자세로 웃몸을 약간 숙이면 된다.

숙배肅拜는 설날 세배를 할 때나 웃어른께 또는 신혼 여행에서 돌아와
양가의 부모에게 인사할 때, 시집을 가서 시댁 어른에게 아침 인사를 할
때 가장 많이 하는 절이다. 보통 이 절은 양반절이라고 한다. 옛날 왕후의
간택을 할 때도 이 절에서부터 선을 보였다고 하며, 한복의 우아함을 더욱

돋보이게 하는 수려하고 아름다운 절이다.

　이 절의 형식은 양팔을 자연스럽게 내리고 천천히 무릎을 굽혀 편히 앉는 자세를 취하면서, 손을 무릎 앞으로 옮겨 바닥을 짚으면서 상체를 약간 굽혀 절을 한다. 그 다음에 다시 일어섰다가 앉으면서 오른쪽 무릎을 세워 앉아야 하고, 손은 무릎 안쪽으로 포개어 놓는다.

양장을 하고 절할 때

서 있는 자세로 절을 할 때는 한복이나 양장이 별차이가 없다. 다만 허리를 숙이는 정도에 따라 정중하게 하는 절과 가볍게 하는 절로 나뉜다.
①은 절을 하기 전의 다소곳한 모습이고 ②는 동료나 동년동년배와 나누는 가벼운 목례이다.
③은 정중하게 하는 절을 앞에서 본 모습이고 ④는 옆에서 본 모습이다.

서 있는 자세로 절을 할 때는 한복이나 양장이나 별로 다를 것은 없고 정중하게 하는 절과 가볍게 하는 절은 허리를 굽히는 정도에 따라 결정된다. 정중하게 할 때는 천천히 허리를 깊이 숙이면 되고, 가볍게 하는 절은 약간만 숙이면 된다.

양장을 하고 방에서 절을 할 때는 두 무릎을 꿇어 앉되 양팔은 옆으로 내린 자세로 웃몸을 굽힐 때는 손가락 끝이 뒤쪽으로 가게 손바닥을 짚는다.

(4) 일상생활에서의 기본적인 자세와 동작

1) 의자에 앉을 때

의자에서 앉는 자세는 웃몸을 펴고 가슴을 약간 숙인 듯한 자세로 다소곳한 표정을 지어야 한다.

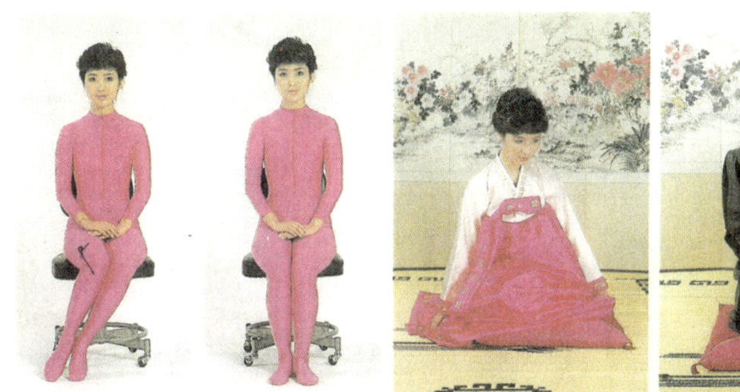

의자에 앉은 바른 자세는 한복이나 양장이 모두 같다. 웃몸을 펴고 가슴을 약간 숙인 듯한 자세가 이상적인 자세이다. 이 때 발은 가지런히 모으고 두 무릎을 약간 비스듬히 기울인다.
방석에 앉을 때는 방석을 밟지 말아야 한다. 한복일 경우에는 살포시 옆으로 엉덩이를 먼저 갖다 대면서 앉고, 양장일 경우에는 두 무릎을 방석 위에 대면서 꿇어 앉되 비스듬히 앉으면 편안하다.

　의자 깊숙이 들어 앉아 등을 기대어 버티고 있는 자세는 여성답지도 않거니와 매우 보기가 좋지 않다. 두 발은 가지런히 하고, 두 무릎은 약간 옆으로 비스듬히 기울이면 된다. 한복이든 양장이든 같은 자세이며, 한복일 경우는 치맛자락 사이로 깨끗하고 도톰한 흰 버선이 보일 듯 말 듯하게 보이는 것은 매력이 아닐 수 없다.

　2) 방석 위에 앉을 때

　안방에서 방석 위에 앉을 때는 방석을 밟지 말아야 한다. 한복을 입었을 때는 살포시 옆으로 앉으면서 엉덩이를 넌서 방석에 갖나 내면서 앉아야 한다. 양장의 경우는 두 무릎을 먼저 방석 위에 대면서 꿇어앉는 자세로 앉되, 오래 앉아 있을 때는 약간 비스듬히 앉으면 된다.

계단을 오르내릴 때는 항상 치맛자락을 살펴가면서 오르내려야 한다. 자칫하여 치맛자락을
밟게 되면 옷매무새가 흐트러질 우려가 있다.

3) 계단을 오르내릴 때

계단을 오를 때는 왼손으로 치맛자락을 살며시 잡고, 오른손은 앞의 치
맛자락을 약간 치켜올려 주면서 오르는 것이 좋다. 그렇지 않으면 치맛자
락이 밟히므로 매우 불편하다. 그리고 내려올 때는 웃몸을 펴되 머리는
숙인 자세로, 발을 살피면서 치마의 뒷자락은 항상 주의하여야 한다.

4) 찻잔을 주고 받을 때

찻잔을 쟁반 위에서 들어올릴 때는 두 손으로 들어올리고, 손님 앞에 갖
다 놓을 때는 찻잔을 든 오른 손목에다 왼손을 받쳐 들어 손님 앞으로 공
손히 놓는다. 이 때 손님은 두 손으로 받아야 한다.

5) 칼이나 가위를 주고받을 때

여자들이 일상 생활에서 가장 많이 쓰는 것은 칼과 가위이다. 하루에도
몇 번씩 쓰는 편리한 물건인 동시에 위험한 물건이기도 하다. 그러므로
자칫하면 소홀히 다루기 쉬우므로 예로부터 주고 받는 데 대한 예법이 있

찻잔을 손님이나 어른 앞에 놓을 때는 두손으로 찻잔을 들지 않고, 한손으로 찻잔을 들고 한손은 찻잔을 든 손을 다소곳하게 받친다.
칼이나 가위 따위의 위험한 물건을 아이나 어른 모두 같은 자세로 주고 받아야 하며, 이러한 좋은 습관은 평소에 잘 익혀 둔다.

었다.

칼이나 가위는 예리한 물건으로서 무기로도 쓰이므로 조심을 하지 않으면 매우 거칠어 보일 뿐 아니라 다칠 염려도 있다.

칼을 건네 줄 때는 칼등을 바깥쪽으로 한 다음 칼날을 자기 쪽으로 하여 오른손으로 자루를 살며시 잡는데, 이 때 엄지손가락으로 약간 누른다. 그리고 왼손가락으로 칼날과 칼등의 중심 부분을 누르면서 상대방의 왼손에 넘겨 준다.

받는 쪽은 일단 왼손으로 받은 다음 오른손으로 옮겨 쥐고 자기가 쓰기에 편리한 자세를 취하면 된다. 오른손으로 받는 것은 상대방을 해친다는 뜻도 있지만 떨어뜨리기 쉽다.

이상은 1984년 4월 삼성출판사에서 출간한 《생활예절·교양》에서 필자가 쓴 〈생활예절의 기본〉을 그대로 옮김.

호칭呼稱 예절

(1) 호칭의 의미

호칭이란 특정의 사람을 지칭하여 부르는 이름이다.

상대의 주의력을 한 곳으로 유도하거나 자기를 상대에게 인식시키거나 대화 중에 특정의 대상에 대한 인식을 높이기 위해 쓰인다.

따라서 호칭은 상대의 유형에 따라 다르고 같은 사람이라도 누구에게 그 사람을 말하느냐에 따라 달라진다.

(2) 우리나라 호칭의 특징

우리나라는 다른 나라에 비해 호칭이 상대나 대상, 경우에 따라 세분되기 때문에 복잡한 것 같지만 매우 합리적이며 예의를 존중하는 민족다움을 지니고 있다.

또 순수한 우리말의 호칭과 한문식 호칭이 함께 쓰여지고 있다. 여기에서는 우리말 호칭을 주로 하고 한문식 호칭은 가장 많이 쓰이는 것만을 말하기로 한다.

(3) 호칭의 종류

같은 대상이라도 다음과 같이 몇가지의 형태로 달라진다.

① 내가 직접 대상을 부를 때
② 대상과 직접대화시에 대상을 지칭할 때
③ 생존한 대상을 말할 때

④ 사망한 대상을 말할 때

⑤ 글로 쓸 때

⑥ 대상의 어른에게 대상을 말할 때

⑦ 대상의 아랫사람에게 대상을 말할 때

⑧ 다른 사람의 대상을 말할 때

⑨ 대상이 나에게 자기를 말할 때

⑩ 남이 나의 대상을 나에게 말할 때

(4) 친척의 호칭

① 자기에 대한 호칭

• 저·제 : 웃어른이나 대중에게 말할 때

• 나 : 같은 또래나 아랫사람에게 말할 때

• 우리 : 자기쪽을 남에게 말할 때

• 애비·에미 : 부모가 자녀에게 말할 때

• 할애비·할미 : 조부모가 손자·손녀에게 말할 때

• 형·누이 : 형님이나 누님이 동생에게 말할 때

• 아재비·아주미 : 아저씨나 아주머니가 조카뻘되는 사람에게 말할 때

② 아버지에 대한 호칭

• 아버지 : 직접 부르거나 대화 중 시칭할 때, 남에게 자기의 아버지를
　　　　　말할 때

• 아버님 : 남편의 아버지를 직접 부를 때와 남에게 그의 아버지를 말
　　　　　할 때

• 애비 : 아버지의 어른에게 아버지를 말할 때

• 아빠 : 말을 배우는 아이에게 그의 아버지를 말할 때

• 가친家親 : 자기의 아버지를 남에게 말하는 한문식

• 춘부장椿府丈 : 남에게 그의 아버지를 말하는 한문식

• 현고顯考 : 지방이나 축문에 죽은 아버지를 쓸 때

• 선대인 · 선고장先大人 · 先考丈 : 남의 죽은 아버지를 말할 때

• 그들의 호칭 : 대상의 아랫사람에게 대상을 말할 때는 그들이 대상을
　　　　　　말하는 호칭으로 말한다.(이 '그들의 호칭'은 모든 대상에 통
　　　　　　용된다)

③ 어머니에 대한 호칭

• 어머니 : 직접 부르거나 대화 중 지칭할 때와 남에게 자기의 어머니
　　　　　를 말할 때

• 어머님 : 남편의 어머니를 작접 부를 때와 남에게 그의 어머니를 말
　　　　　할 때

• 에미 : 어머니의 어른에게 어머니를 말할 때

• 엄마 : 말을 배우는 아이에게 그의 어머니를 말할 때

• 자친慈親 : 자기의 어머니를 남에게 말하는 한문식

• 자당慈堂님 : 남에게 그의 어머니를 말하는 한문식

• 현비顯妣 : 지방이나 축문에 죽은 어머니를 쓸 때

• 선비先妣 : 죽은 어머니를 남에게 말할 때

• 대부인大夫人 : 남에게 그의 죽은 어머니를 말할 때

④ 아들에 대한 호칭

• 애 · 이름 · 너 : 직접 부를 때와 대화 중에 지칭할 때

• 애비 : 자녀를 둔 아들을 그의 아내나 자녀에게 말할 때

• 자식 : 아들의 웃어른에게 자기의 아들을 말할 때

• 아들 : 아들의 아랫사람이나 또래에게 자기의 아들을 말할 때

• 아드님 : 남에게 그의 아들을 말할 때

• 자제子弟 · 영식令息 : 남에게 그의 아들을 말하는 한문식

• 망자亡子 : 죽은 아들을 지방이나 축문에 쓸 때

⑤ 딸에 대한 호칭

• 애 · 이름 · 너 : 직접 부를 때와 대화 중에 지칭할 때

• ○집 · ○실室 : 시집간 딸을 직접 부를 때 (남편의 성을 앞에 붙인다.)

• 에미 : 자녀를 둔 딸을 그의 자녀에게 말할 때

• 너의 댁宅 : 사위에게 그의 아내인 딸을 말할 때

• 딸아이 : 딸의 웃어른에게 자기의 딸을 말할 때

• 딸 : 딸의 아랫사람이나 같은 또래에게 자기의 딸을 말할 때

• 따님 : 남에게 그의 딸을 말할 때

• 영애令愛 : 남에게 그의 딸을 말하는 한문식

⑥ 며느리에 대한 호칭

• 애 · 며느리 · 너 : 며느리를 직접 부르거나 대화 중에 지칭할 때

• ○○댁 : 직접 부를 때와 집안에서 친척에게 며느리를 말할 때 (그의 남
      편인 아들의 이름을 위에 붙인다.)

• 에미 : 자녀를 둔 며느리를 직접 부르거나 그의 자녀인 손자녀에게
      말할 때

• 너의 댁 : 며느리를 그의 남편인 아들에게 말할 때

• 며느님 : 남에게 그의 며느리를 말할 때

• 자부子婦 · 자부님 : 남에게 그의 며느리를 말하는 한문식

⑦ 형제간의 호칭

• 언니 : 미혼의 동생이 형을 부르는 호칭

• 형님 : 기혼의 동생이 형을 부르는 호칭

• 형 : 집안의 어른에게 형을 말할 때

• 백씨伯氏 · 중씨仲氏 · 사형舍兄 : 남에게 자기의 형을 말할 때의 한문
      식. (백씨는 큰형, 중씨는 둘째형, 사형은 새째이하의 형)

• 백씨장伯氏丈 · 중씨장仲氏丈 · 존형장尊兄丈 : 남에게 그의 큰형, 둘째
      형, 세째 이하의 형을 말할 때의 한문식

• ○○형님 : 남에게 그의 형을 말할 때는 앞에 '자네', '너', '댁의' 등
　　　　　　을 붙여 말한다.
• 애·이름·너 : 형이 동생을 직접 부르거나 대화 중에 지칭할 때
• 아우 : 제수에게 그의 남편인 동생을 말할 때
• 아우님 : 남에게 그의 동생을 말할 때
• 제씨弟氏 : 남에게 그의 동생을 말하는 한문식

⑧ 자매간의 호칭

• 언니 : 여동생이 여형을 부를 때
• 애·이름·너 : 언니가 여동생을 부를 때
• ○집·○실 : 언니가 시집간 여동생을 말할 때(남편의 성을 앞에 붙인다.)
• ○○에미 : 자기의 집안 어른에게 자녀를 둔 여동생을 말할 때
• 형 : 집안의 어른에게 여형을 말할 때

⑨ 남매간의 호칭

• 오빠 : 여동생이 남자형을 부를 때
• 오라버니·오라버님 : 시집간 여동생이 남자형을 부를 때
• 누나 : 남동생이 손위 누이를 부를 때
• 누님 : 기혼의 남동생이 손위 누이를 부를 때

⑩ 형제자매의 배우자 호칭

• 아주머니 : 형의 아내를 직접 부를 때
• 아지미 : 형의 아내를 집안 어른에게 말할 때
• 형수씨 : 형의 아내를 남에게 말할 때
• 존형수씨 : 남에게 그의 형수를 말할 때
• 제수씨·수씨 : 동생의 아내를 직접 부를 때
• 제수 : 집안 어른에게 제수를 말할 때
• 제수씨 : 제수를 남에게 말할 때
• 영제수씨 : 남에게 그의 제수를 말할 때

- 언니 : 시누이가 오빠의 아내를 부를 때
- 올케 · 새댁 · 자네 : 시누이가 남동생의 아내를 부를 때
- 매부妹夫 : 아래 위 누이의 남편을 통털어 말할 때
- 자형姉兄 · 매형妹兄 : 손위 누이의 남편을 부를 때
- 매제妹弟 : 손아래 누이의 남편을 말할 때

⑪ 남편에 대한 호칭

- 여보 : 남편을 직접 부를 때
- 당신 : 직접 대화 중에 남편을 지칭할 때
- 사랑 : 시댁에서 남편의 어른이나 손아래 동서에게 남편을 말할 때
- 남편 : 친구나 남에게 자기 남편을 말할 때
- 주인 : 남에게 자기의 남편을 말할 때
- 바깥양반 · 바깥어른 · 주인양반 · 주인어른 : 남에게 그의 남편을 말할 때
- 부군夫君 : 남에게 그의 남편을 말하는 한문식
- ○서방 : 친정의 어른에게 자기의 남편을 말할 때
- 그들의 호칭 : 남편이나 자기의 아랫사람에게는 그들이 남편을 부르는 호칭으로 말한다.

⑫ 아내에 대한 호칭

- 여보 : 아내를 직접 부를 때
- 당신 : 직접 대화 중에 아내를 지칭할 때
- 제댁 : 자기 집이나 처가의 웃세대 친족 어른에게 아내를 말할 때
- 안 : 자기 집의 같은 세대 어른이나 제수, 처남댁 등에게 아내를 말할 때
- 아내 · 집사람 · 안사람 : 자기의 친구나 아내의 친구 또는 남에게 아내를 말할 때
- 내자內子 : 남에게 자기의 아내를 말하는 한문식

- 망실亡室 · 고실故室 : 죽은 아내를 지방이나 축문에 쓸 때
- 부인夫人 : 자기의 아내를 점잖게 직접 부르는 한문식, 또는 제3자의 아내를 말할 때는 위에 '아무개의'를 붙여서 말하기도 한다.
- 영부인令夫人 : 남에게 그의 아내를 말하는 한문식
- 안양반 · 안어른 : 남에게 그의 아내를 말할 때
- 그들의 호칭 : 자기나 아내의 아랫사람에게는 그들이 아내를 부르는 호칭으로 말한다.

⑬ 시댁 가족의 호칭

- 아버님 · 어머님 : 남편의 부모를 직접 부를 때(남에게 말할 때는 위에 '시'를 붙여서 말한다.)
- 아주버님 : 남편의 형을 부르거나 말할 때
- 형님 : 남편의 형수나 손위 시누이를 부를 때
- 시숙 : 남편의 형을 친족이 아닌 남에게 말할 때
- 동서 : 남에게 손위 동서를 말할 때
- 형 : 손위 동서보다 어른에게 손위 동서를 말할 때
- 도련님 : 미혼인 시동생을 부를 때
- 서방님 : 기혼인 시동생을 부를 때
- 시제媤弟 : 남에게 시동생을 말할 때
- 작은아씨 : 미혼인 손아래 시누이를 부를 때
- ○서방댁 : 기혼인 손아래 시누이를 부르거나 말할 때(그 남편의 성을 위에 붙인다.)
- 동서 · 자네 : 시동생의 아내를 부를 때
- ○서방님 : 시누이의 남편을 부르거나 말할 때(위에 성을 붙인다)
- ~님 : 기타의 시댁 손위가족은 남편이 부르는 호칭에 '님'을 붙여 부른다.

⑭ 처가가족의 호칭

• 장인어른 · 장모님 : 아내의 부모를 직접 부를 때
• 처남 : 처가의 가족에게 아내의 남자동기간을 말할 때
• 처남댁 : 처남의 아내를 말할 때와 직접 부를 때
• ○○어머님 · ○○자친 : 처남댁이 자녀가 있을 때는 자녀의 이름을 붙
　　　　　　　　　　　여 말한다
• 처형 · ○○자친 : 아내의 여형을 말할 때
• 처제 · ○○자친 : 아내의 여동생을 말할 때
• 동서 : 처형이나 처제의 남편을 처가, 또는 남에게 말할 때
• 사회적 호칭 : 아내의 직계존속이 아닌 처가 가족을 남에게 말할 때
　　　　　　　는 아내와의 관계 위에 '처'를 붙여 말하고, 직접 부를
　　　　　　　때는 사회적 사귐의 호칭으로 부른다.

⑮ 기타 친척의 호칭

• 큰아버지 · 큰어머니 : 아버지의 큰형님과 큰형수
• ○째 아버지 · ○째 어머니 : 아버지의 큰형이 아닌 남자동기와 그의
　　　　　　　　　　　　　아내
• 작은 아버지 · 작은 어머니 : 아버지의 막내동생과 그의 아내
• 아저씨 · 아주머니 : 아버지의 4촌 이상의 형제들과 그의 아내(부모와
　　　　　　　같은 세대의 남자와 여자)
• 고모 · 고모부 : 아버지의 누이와 그의 남편
• 외숙 · 외숙모 : 어머니의 남자동기와 그의 아내
• 이모 · 이모부 : 어머니의 자매와 그의 남편

⑸ 사돈간의 호칭

① 사돈의 의미

혈족 남자의 아내가 된 여자 친정 친족과 혈족 여자의 시댁 친족을 사돈이라 한다. 즉 며느리, 형, 제수의 친정 친족도 사돈이고, 딸이나 자매의 시댁 친족도 사돈이다.

② 사돈간 호칭의 종류

- 사장어른 : 웃세대의 사돈을 부르거나 말할 때의 호칭이다. 딸의 시조부모, 자매의 시부모 이상, 며느리의 친정 조부모, 형·제수의 친정부모 이상과 같이 자기보다 웃세대에 해당되는 사돈을 말할 때

- 사돈 : 같은 세대의 동성同性 사돈간의 호칭이다. 시집간 여자의 친정아버지와 시아버지, 친정어머니와 시어머니, 친정 형제자매와 시댁 형제자매들은 같은 세대이므로 동성간에는 '사돈'이라고 한다. 아랫세대의 기혼인 동성사돈도 이렇게 말한다.

- 사돈어른 : 같은 세대의 이성異性 사돈간의 호칭이다. 시집간 여자의 친정아버지와 시어머니, 친정어머니와 시아버지, 친정 형제자매와 시댁 형제자매들은 같은 세대지만 이성간에는 '어른'을 붙인다.

- 사돈양반 : 아랫세대의 사돈이라도 기혼의 이성은 '양반'을 붙인다. 시아버지가 며느리의 자매나 올케를 말할 때와 시어머니가 며느리의 친정 기혼 남자 형제들을 말할 때의 호칭이다.

- 사돈도령·사돈총각 : 아랫세대인 사돈 미혼남자의 호칭

- 사돈처녀·사돈아가씨 : 아랫세대인 사돈 미혼여자의 호칭이다.

- 사돈아기씨·사돈아기 : 사돈의 어린아이에 대한 호칭이다.

⑹ 직장에서의 호칭

① 상급자에 대한 호칭
• 부장님 · 과장님 : 직속 상급자는 직급의 명칭에다 '님'을 붙여 부르
고 말한다.
• ○○부장님 · ○○과장님 : 다른 부서의 상급자는 직책과 직급의 명칭
에다 '님'을 붙여 부르고 말한다.(경리과장
님, 총무부장님)
• ○부장님 · ○과장님 : 직속이 아니고 직책이 없이 직급만 있는 상급
자는 직급 위에 성을 붙이고 직급아래에 '님'
을 붙여 부르고 말한다.(김 부장님, 박 과장님)
② 하급자에 대한 호칭
• 과장 · 계장 : 같은 직급의 사람이 여럿이 아닐 때의 직속하급자는 직
급명만 부르고 말한다.
• ○○과장 · ○○계장 : 직속 하급자나 타부서 하급자에 같은 직급명이
여럿일 대는 직책명과 직급명을 부르고 말한
다.(경리과장, 서무계장)
• ○과장 · ○계장 : 직책이 없이 직급만 있는 하급자는 '성'을 붙여 직
급명을 부르고 말한다.(김 과장, 이 계장)
• ○○○씨 · ○여사 : 직책과 직급명이 없는 하급자는 성과 이름에 '씨'
를 붙여 부르고 말한다. 기혼여성은 '여사'를 붙
인다.
• ○ 군 · ○ 양 · ○○○ 군 · ○○○ 양 : 나이가 10년이상 아래이며 미혼
인 남녀 하급자는 남자는 성이나 이름에 '군'을 붙이고, 여자는 '양'
을 붙여 부르고 말한다.

③ 동료 · 동급자의 호칭
• ○○과장님 : 동급자라도 연령이 위이면 직급에 '님'을 붙인다.
• 선생님 : 나이가 10년 이상 위이면 '선생님'이라 부른다.
• 선배님 : 나이가 10년 이내의 위이면 '선배님'이라 부른다.
• ○○○ 씨 : 같은 도래 또는 아랫사람은 성명에 '씨'를 붙인다.
• ○형 · ○○○ 형 : 같은 또래로서 친숙한 사이면 성이나 성명에 '형'
　　　　　　　　을 붙인다.
• ○ 군 · ○ 양 : 나이가 10년이상 아래인 미혼자 또는 미성년자는 남자
　　　　　　는 '군' 여자는 '양'이라 부른다.

(7) 사회생활에서의 호칭

① 아는 사람에 대한 호칭
• 어르신네 : 부모의 친구 또는 부모같이 나이가 많은 어른
• 선생님 : 학교의 선생님이나 존경하는 어른
• 노형老兄 : 11년 이상 15년까지의 연상자
• 형 : 6년 이상 10년까지의 연상자, 또는 아직 친구 사이가 되지 못한
　　　아래 위로 10년이내의 드는 상대
• 이름 · 자네 : 아래 위로 10년 이내의 나이 차로 친구같이 지내는 사이
• ○○○ 씨 : 친숙한 관계가 아닌 10년 이내의 연상자와 기혼 · 성년의
　　　　　　연하자
• ○○님 : 상대가 위치한 직책명이나 직급명을 알면 직책 · 직급명에
　　　　　'님'을 붙인다.(사장님, 박사님, 교수님)
• ○○아버님, ○○어머님 : 친구의 부모는 친구의 이름에 아버님, 어머
　　　　　　　　　　　　님을 붙인다.
• ○○형님, ○○누님 : 친구의 형이나 누이도 친구의 이름을 붙여 말한다.

② 모르는 사람의 호칭
- 노인어른 · 노인장 : 할아버지, 할머니 같이 나이가 많은 어른
- 어르신네 : 부모같이 나이가 많은 어른
- 선생님 : 존경할 만큼 점잖거나 나이가 많은 어른
- 노형 · 선생 : 자기보다 10년 이상 연상자인 상대(남자끼리)
- 형씨 : 자기보다 아래 위로 10년 이내에 드는 상대(남자끼리)
- 부인 : 자기의 부모보다는 젊은 기혼의 여자
- 댁 : 같은 또래(10년이내)의 남자와 여자
- 젊은이 · 청년 : 자기보다 15년 이하의 청년
- 총각 : 미성년인 남자
- 아가씨 : 미성년인 여자 또는 미혼인 젊은 여자
- 학생 : 학생 신분의 남녀
- 소년 · 애 : 초등학생 이하의 아이들

한지(紙)

(1) 기원과 재료

종이 지자(紙)는 실사 변에 성씨 씨氏자를 합성해서 만들어진 글자로 그 연원은 고대에서 출발한다.

중국 사서史書의 기록을 보면 동한東漢의 화제和帝 때 채륜蔡倫이 나무껍질과 마두麻頭와 찢어진 천 그리고 어망魚網 등을 원료로하여 만들었는데 이를 사람들은 채후지蔡侯紙라 불렀다.

또 한漢나라 무제武帝 때 목란木蘭의 관사씨官寫氏 관원官員은 씨氏 자는 지紙자의 약자로 쓴다고 해석했다.《종이역사 김철순 저》

1933년에 신강성新疆省의 한대漢代 봉수유지烽燧遺址에서 서한西漢 선재宣宰 연간에 사용되었던 마지麻紙가 출토되었다.

섬서성陝西省 서안西安에서도 마지麻紙가 발굴되었는데, 두 발굴 사실로 미루어 파교마지灞橋麻紙가 생산되기 시작한 것은 기원 전 2세기경으로 추정된다.

기록상으로는 동한의 채륜이 처음 만든 것으로 되어 있지만 실제로는 예전부터 사용되어 왔음을 짐작케 한다.

종이는 한문의 글자가 말하는대로 식물의 섬유가 그 재료다.

나무껍질을 잘게 자르거나 두들겨서 털과 같은 섬유로 만든 다음 물속에 풀어놓고 망으로 떠서 말린 것이다.

이렇게 만들어진 선지는 단향무 껍질로 만들어 구었는데 당시 중국인들은 안휘성安徽省에서 만들어진 것을 제일로 쳤고, 당나라 때부터 시작된 제지방법은 천 년이 지난 지금도 그대로 유지되고 있다.

(2) 우리나라의 제지기술

그럼 우리나라에 제지기술이 전해진 것은 언제일까?

일반적으로 위진魏晉시대로 알려져 있는데 당형전唐衡銓에 쓴 문방사고
文房肆攷에 의하면 780년경에 고려지高麗紙를 사용했다는 기록이 있다.

또 명필이었던 왕희지王羲之가 33세 때 고구려 고국원왕 23년에 잠견지
蠶繭紙 즉 고려지에 '난정서'를 썼다는 기록이 있는데 이는 우리나라의 제
지기술이 중국보다 앞섰음을 말해준다.

한편 학자들 간에는 우리나라에 종이가 만들어진 시기를 3~4세기로
보는가 하면 6~7세기 경으로 보는 견해도 있다.

3~4세기로 보는 이유는 불교가 들어온 연대를 근거로 보는 견해이고,
6~7세기로 보는 견해는 담징 스님이 610년에 일본에 제지기술을 전수해
준 것을 근거로 보는 것이다.

1960년, 평양 정백동貞栢洞 고분 2호에서 은도장과 마분지 조각이 출토
되었는데 영시永始 3년 12월로 기록되어 있어 전한前漢 성제成帝 때로 판명
되었다.

이를 근거로 본다면 우리나라에서 종이 사용은 BC 14년에 해당되는데
이는 불교가 들어오기 전인 3세기 경이다.

삼국사기에서는 고구려(BC 37년~AD 668년) 건국 초부터 글씨를 종이에
써 고서적 다섯 권을 산수려 100여 권으로 편찬했다는 기록이 있다.

종이의 사용연대는 딱 짚어 어느 때라고 말할 수 없지만 고사에 기록되
어 있는 낙양지가귀洛陽紙價貴는 주나라 후반 춘추시대 초기 770년 경의 이
야기다. 즉, 서진西晉의 좌사左思가 삼도부三都賦를 지었는데 당시의 유명한
학자 황보밀皇甫謐과 문장가 장화張華가 그 글을 높이 평가하자 너나 할 것
없이 앞을 다투며 작품을 베끼기 시작했다. 낙양지가귀는 이 고사에 기인
하여 생긴 성구이다.

여기서 삼도부란 위魏나라의 업鄴과 오吳나라의 건업建業과 촉蜀나라의 성도 成都를 말하는데 재주가 없고 못생긴 좌사가 자기의 그런 면을 만회하려고 세 도시의 아름다움과 살기좋은 풍광을 시로 노래한 것이다.

그러자 당시의 귀족들이 난리 북새통을 일으켰다.

이렇게 종이가 중국 사람들의 사랑을 받고 있었다면 우리 민족은 어떠했을까?

(3) 한지의 용도

예부터 우리 민족은 한지, 즉 장판지 위에서 태어나 한지로 만든 서책에 한평생을 묻혀 살다가 죽을 때는 한지에 싸여서(염) 돌아갔다.

우리 민족에게 한지는 문풍지로부터 장을 거르는 일까지 없어서는 안 될 생활용품이었다.

우리나라에서 만들어진 종이는 결백도도 높고 지질이 부드러우면서도 질기고 먹물을 흡수하는 힘이 강하여 그림을 그리거나 글씨를 쓸 때 먹색의 변화를 자유롭게 표현해 낼 수 있었다.

이렇게 떠진 종이는 수천 년간 보존할 수 있으며 종이에 흡수된 색깔도 오랫동안 변하지 않아 애호가들의 사랑을 받아왔다.

종이가 수천 년을 간다는 증거로 경북 월성군 기림사祇林寺에 있는 좌불상과 전남 백양사白羊寺에 있는 극락보전의 건칠지불乾漆紙佛을 들 수 있다.

기림사의 좌불상은 1501년에 만들어졌는데 보물 415호이다.

불상은 삼베와 한지 그리고 모시 등으로 골격을 잡고, 한지로 여러번 바른 다음 옻칠을 하고 나중에 금색으로 마감을 한다. 그래서 건칠지불이라고 하는 것이다.

건칠지불은 외피가 단단하고 독특한 냄새를 풍겨 해충이 범하지 못하기 때문에 천년 이상을 유지할 수 있는 것이다. 그래서 나무로 깎아만든

불상보다 오래 보존될 수 있다고 한다.

이처럼 귀중한 선지가 중국 청나라 때 이르러서는 그 종류가 100여 종에 이르렀는데 우리나라에서도 그만큼 생산됐었다고 한다.

대표적인 것으로는 고려지高麗紙, 백추지白硾紙, 견사지繭絲紙, 아청지鴉靑紙 등이 있었으며, 색지로는 감지紺紙, 취지翠紙, 자지紫紙, 다지茶紙 등이 있었다. 그런데 이런 종이에는 아취와 무늬가 정교하게 깔려 있어 생산지를 한눈에 알아 볼 수 있었다.

이는 현대의 상표나 마찬가지여서 그만큼 만든 이의 장인정신과 자부심이 깃들어 있었던 것이다.

그 중에 특히 다지茶紙는 색깔을 넣어서 만들기도 하고 무색투명하게도 만들었다. 그래서 이 종이는 차를 넣어 쓰는 호를 만들어지기도 했다. 이 차호는 마치 숨쉬는 그릇과 같아 차의 성분을 그대로 유지시켜 언제나 제 맛을 내게 해주고 습기를 제거하며 장기간 보존되는 특성이 있을 뿐만 아니라 잡내음을 차단시켜주는 역할을 함으로 다인들이 구애없이 애용했다.

(4) 종이 생산의 발원지, 고창

이처럼 다용도로 사용되는 종이가 일반 대중들에게 생활 필수품으로 자리잡게 된 것은 언제쯤일까?

기록상으로 확실치는 않지만 여러 가지 정황으로 보아 선운사의 창건과 상당한 관계가 있다고 추론해 본다.

전라북도 고창군에 있는 선운사는 읍내에 있는 모양성과 더불어 세계적인 유산인 고인돌로 유명한 곳이다. 흔히 선운사 하면 북방 한계선인 동백꽃을 떠올린다.

선운사는 백제 위덕왕威德王(554년~598년) 때 검단檢旦·黔丹이 577년 창건한 것으로 알려지고 있다.

선운사 창건 스님인 검단선사에 대한 민중설화는《선운사지》와《동국
여지승람》,《지봉유설》등에 전해지고 있을 뿐이다.

선운사는 지형적으로 계곡의 물이 서쪽에서 시작하여 동쪽으로 흐르는
서출동류西出東流 현상과, 동쪽에서 시작되는 물이 서쪽으로 흘러 바다에
서 만나는 곳으로, 바람이 하늘을 떠받치는 곳이라고 해서 풍천風天이라
고 한다.

지세가 그러함으로 예로부터 명당을 찾아 풍수가들이 줄을 잇고 있는
곳이기도 하다.

서해바다에서 선운사 쪽을 바라보면 선운사가 들어 앉은 곳은 후미진
곳으로 전혀 지세를 측정할 수 없는 천혜의 요새지다. 민중 설화에 의하
면 검단선사가 그곳에 발을 들여 놓기 전에는 해적들이 진을 치고 살던
도적들의 소굴이었다. 그들의 그런 생활을 보고 검단은 거렁뱅이 차림으
로 도적들의 소굴로 들어와 그들을 하나하나 교화하여 생활에 변화를 일
으키게 하였다.

검단 스님의 법력에 맹수와 같은 도적들이 자기들의 잘못을 뉘우치고
개과천선을 했던 것이다.

검단은 그들이 본래 인근지역의 농민이었는데 지배자들에게 토지를 빼
앗기고 먹고 살길이 없어 어쩔 수 없이 도적질을 한다는 것을 알았다. 그
래서 그들에게 새로운 항로를 열어줘야 한다고 생각한 검단은 중국으로
건너가 천일염을 만드는 방법을 배워가지고 와서 그들에게 가르쳤다.

소금은 인간의 생존에 없어서는 안될 중요한 것인데 당시는 바닷물을
끓여 소금을 만드는 형편이었다. 그런데 뻘밭을 만들고 바닷물을 끌어들
인 다음 물을 증발시켜 소금을 채취하는 방법은 대량생산이 가능한 획기
적인 방법이었다.

그런 방법은 그들의 생활에 엄청난 변화를 가져왔다. 지금까지 서해바
다로 나가 내일이 없이 해적질을 해서 먹고 살 때나 인근 농민들을 털어

생활하다가 천일염 생산을 계기로 선량한 상인이 된 것이다. 이렇게 하여 도적의 허물을 벗고 생활이 인정되어 가면서 불심이 깊어져 절에 시주도 하여 선운사를 지었던 것이다.

검단 스님은 천일염의 생산으로 어느 정도 기반이 잡히자 이들의 생계 수단을 다양화시킬 필요를 느끼고 다시 중국으로 건너가 종이를 뜨는 방법을 익혀와 이들에게 가르쳤다. 지천으로 널려져 있는 닥나무를 이용하여 종이 생산에 들어간 이들은 계획적인 생산을 위해 닥나무밭을 일구고 심어 대량생산체제를 만들게 되었다.

종이 생산과 소금의 생산은 이들의 생활에 엄청난 변화를 가져와 오히려 농민들의 생활보다 훨씬 부유하게 살게 되었고 삶의 보람을 갖게 해주었다. 이렇게 종이 생산의 기반이 마련되자 질 좋은 종이를 팔기 위해 이곳저곳을 다니기 시작했고 이렇게 하여 자연히 종이의 수요가 점점 늘어만 갔다.

서지書紙나 다지茶紙 모두 지금껏 전주가 생산지로 알려져 있지만 전주는 집산지일 뿐, 사실 그 역사적인 기반은 선운사요, 그 인근 야산 일대다. 해방직후만 해도 선운사 근처 일대에는 크고 작은 종이 공장들이 여러 군데 있었는데 아쉽게도 지금은 그 흔적도 찾아 볼 수가 없다.

고창, 장성, 정읍, 순창, 영광 등지에는 지금도 자생하는 닥나무가 산속에 지천으로 널려 있다.

그러니까 그 시역은 종이를 생산할 수 있는 자연적인 조건이 구비되어 있는 천혜의 지역이다. 그래서 한 때는 뽕나무밭을 가꾸듯 닥나무밭을 일구었고, 봄이면 닥나무 그루터기에서 나는 버섯을 따다 찬거리로 만들기도 했다. 그러나 지금은 그 자취가 남아 있지 않다.

검단선사에 의해 만들어진 종이는 극진한 칭호로 저선생楮先生이라고도 했다. 그리고 선비들이 가까이 할 네 친구 중에 으뜸으로 쳤는데 네 벗이란 종이, 붓, 먹, 벼루 즉, 문방사우文房四友를 일컫는다.

종이는 이렇게 특대를 받았지만 더러는 그렇지 못하기도 했다.

황현黃玹의 매천야록梅泉野錄에는 가정에서 천륜을 어기거나 윤리도덕으로 도저히 용납되지 않은 일을 한 자식에게 그 아비가 도모지倒貌紙라는 형벌을 내렸다고 한다.

도모지라는 형벌은 죄인을 움직이지 못하게 묶어 놓고 한지韓紙로 얼굴을 몇 겹이고 바른다. 그러면 보지도 못하고, 들리지도 않고, 말할 수도 없는 상태가 되었다가 종이의 물기가 말라감에 따라 숨이 막혀 죽게 된다. 오늘날 '도무지'라는 말은 이 도모지에서 유래한 것으로 보고 있다.

종이라고 해서 좋은 곳에만 쓰이는 것이 아니라 이처럼 도모지에 쓰인 종이라면 종이 입장에서 볼 땐 지옥이 아닐는지……. 어쨌든 종이가 발명됨으로써 거북이 등이나 짐승의 뼈 아니면 가죽, 나무껍질, 대나무, 그리고 나뭇잎에 쓰던 역사를 종이에 써 남기게 되었다.

(5) 서양의 종이

동양의 종이는 이렇게 해서 천년이 넘는 세월을 지키고 있는데 반하여 서양의 종이는 어떠했을까?

양지羊紙는 서양의 종이, 페이퍼paper를 말하는 것으로 그 기원은 고대 이집트에서 시작된다.

이집트인들은 갈대로 두루마리를 만들어 썼는데 이것을 파피루스papyrus라고 불렀다. 파피루스는 페니키아의 항구였던 비블로스Byblos를 일컫는 말이기도 하다.

비블로스는 그리스인(BC 2500년경)들에게 있어 종이의 대명사였다. 페니키아가 비블르스 항구를 통하여 이집트에서 수입한 파피루스를 그리스로 수출했기 때문에 이름이 그렇게 붙여졌던 것이다. 서지나 문헌을 비블리오그래피bibiliography라고 하는데 이는 그리스의 두루마리 즉 비블로스에 근원하고 있는 것이다.

그러니까 종이, 즉 paper의 어원은 파피루스papyrus다. 유럽의 여러나라에서는 종이를 파피루스papyrus에 어원을 두고 있으나 나라마다 표현이 조금씩 다르다. 프랑스와 독일에서는 papier, 스페인은 papel, 스웨덴은 paper라고 부르고 있다. 그러나 중국에서 만들어진 종이 지紙와 페이퍼paper와는 차이가 있다.

중국의 종이는 작은 섬유질을 가공하여 만듦에 반해 파피루스는 갈대 자체의 껍질을 벗겨 그 심재心材를 접착하여 만든 것이다.

백과사전에서는 종이를 '식물의 섬유가 평평하고 매끄러운 발 위에 내려 앉아 얇게 만들어진 것을 말한다. 그리고 글씨를 쓰거나 인쇄하고 벽에 바르고 포장지로 쓰는 물건이다.'고 설명하고 있다.

종이는 문화의 발전에 따라 그 수요가 엄청나게 늘어나고 있다.

1998년 기준으로 미국인들은 1인당 일 년에 336kg을 소모하고, 우리나라 사람들은 일 년에 113.7kg을 소모한다고 한다. 우리나라는 세계 24위의 종이 소비국이며, 생활의 향상에 따라 더욱 늘어날 것으로 전망된다.

세계의 평균 소모량은 50.8kg으로, 종이를 만드는데 들어가는 펄프용 목재도 엄청나다.

다향茶香이 짙게 풍기는 서재에 들어앉아 겹겹이 쌓인 책을 들여다 보니 종이의 소중함을 세삼 깨닫게 된다.

(6) 한지韓紙의 종류

1. 대호지大好紙

2. 소호지小好紙

3. 백면지白綿紙 : 대호지와 비슷한데 목화를 섞어 만듦《신증동국여지승람》

4. 육장부유택지六張付油택紙

5. 죽청지竹靑紙

6. 설화지雪花紙

7. 백로지白鷺紙

8. 분지粉紙 : 물에 쌀가루를 풀어 적셔서 다듬이질함

9. 탄우지彈宇紙

10. 설화 오색지雪花五色紙《연행록 - 조경일록 : 김옥》

11. 도화지桃花紙《연행록》

12. 태사련지太史練紙

13. 분당지粉唐紙

14. 은면지銀綿紙

15. 모면지毛綿紙

16. 시전지詩箋紙《연행록》

17. 별장지別壯紙《연행록》

18. 견지繭紙《성호사설》

19. 공상초주지供上草注紙 : 진상할 때 초를 잡는 두루마리

20. 저주지楮注紙 : 두루마리

21. 권지卷紙 : 두루마리도 있고 등燈을 만드는 삼색三色의 권지卷紙도 있다.

22. 유지油紙 : 비가 올 때 입는 웃감으로 씀

24. 등도백지燈塗白紙

25. 비망도련저주지備忘搗鍊楮主紙 : 국왕의 명을 적어서 전하는 문서용
    다듬이질한 권지

26. 판부저주지判付楮主紙

27. 합과차초주지合裹次草注紙 : 합쳐서 초를 잡는 두루마리

28. 봉두도련지封頭搗鍊紙 : 부채꼭지를 봉하는 데 사용하는 다듬은 권지

29. 저상지楮常紙 : 풀질이 좋지 못한 백지

30. 초상주지草常注紙 : 풀질이 좋지 못한 초를 잡는 두루마리

31. 하품도련초주지下品搗鍊草注紙

32. 상품도련지上品搗鍊紙 : 다듬은 권지

33. 저상주지楮上注紙 : 보통권지

34. 도련저주지搗鍊楮注紙 : 다듬은 권지

35. 일과지日課紙 : 일과에 사용되는 종이

36. 계목지啓目紙 : 계본啓本의 목록에 사용하는 종이

37. 대약선지大藥線紙 : 굵은 화승을 만드는데 소용되는 종류.

38. 소약선지小藥線紙 : 화승을 만드는데 소용되는 종이.

40. 책지차초주지冊紙次草注紙 : 책지 감으로 초잡는 두루마리

41. 권책지차저주지卷冊紙次楮注紙 : 권책 감으로 사용하는 두루마리

42. 의지衣紙 : 책의冊衣에 사용하는 종이

43. 시정기지時政記紙 : 역사적인 기록에 사용하는 종이

44. 지의紙衣 : 서북쪽 국경 군졸들이 솜 대신 넣는 종이

45. 방물백면지方物白綿紙 : 방물로 바치는 좋은 백지.

46. 장표지掌標紙

47. 후백지厚白紙

48. 상백지常白紙

49. 황염지黃染紙

50. 의지衣紙

51. 상지上紙

52. 중지中紙

53. 공지公紙

54. 경면지鏡面紙《청장관서》

55. 청면지靑面紙《청장관서》

56. 고려취지高麗翠紙《청장관서》

57. 아청지雅靑紙《청장관서》

58. 납지蠟紙 : 광선을 차단한 것이 마치 유리와 같다.《청장관서》

59. 표전지表箋紙 : 중국 교류 공문을 쓰는 종이《신중동국여지승람 1권》

60. 자문지咨文紙 : 59와 같음

61. 잠견지蠶繭紙《연행록》

62. 금지金紙

63. 은지銀紙

64. 첩자지帖子紙

65. 간지簡紙

66. 면지綿紙

67. 능화지菱花紙

68. 삼원지衫原紙

69. 모변면지毛邊綿紙 : 차를 쌓 두는 종이 일본

70. 지본紙本 : 솜·모시·명주·털가죽·나무뿌리 등 허다한 잡물로 만든 종이

71. 백주지白奏紙

72. 상주지常奏紙

73. 부본단자지副本單子紙

74. 주본지奏本紙

75. 피봉지皮封紙

76. 서계지書契紙

77. 축문지祝文紙

78. 도련지도鍊紙

79. 유둔지油芚紙

80. 파고지破古紙

81. 상품표지上品表紙

82. 중품표지中品表紙

83. 백주지白注紙

84. 계목지啓木紙

85. 공사하지公事下紙

86. 상화지霜華紙

87. 아계지雅啓紙《연행록》

88. 금강전錦江紙《전주종이》

89. 금전기金箋紙《해동잡기》

90. 백추지白硾紙 : 백지를 다듬이질 한 것《열하일기》

91. 순면지純綿紙 : 차를 따 말리는데 그릇에 깔아두는 종이. 순면으로 다른 것을 섞지 않음

92. 진피지眞皮紙 : 질기기가 가죽 같은 종이로 차의 독을 싸두는 종이

93. 면견지綿繭紙 : 잠견지우와 같은 것으로 발은 비단처럼 희고 질기기는 명주와 같아 먹을 잘 받음

94. 등지藤紙 :《고려도경》고려의 토산품

95. 백등지白藤紙 : 임금의 분부를 쓰는 종이 문서용

96. 등백지藤白紙 : 송나라 종이

97. 견면지繭綿紙 :《대동야승》

98. 고정지藁精紙 :《대동야승》

99. 유엽시柳葉紙 :《대동야승》

100. 유목지柳木紙 :《대동야승》

101. 의이지薏以紙 :《대동야승》

102. 마골지痲骨紙 :《대동야승》

103. 순왜지純倭紙 :《대동야승》

104. 색지色紙

105. 상화지霜花紙 :《연행록》

106. 물속의 이끼로 만든 종이는 김안국이 귀양살이 하면서 만들어 썼
      다고 함《대동야승》순면지라고도 함

107. 백토지白土紙 :《신증동국여지승람 토산 – 양근군》

108. 난지蘭紙 : 고치종이《동문선》

109. 총명지聰明紙 : 각 도의 감영監營과 군에서 제석전에 궁중으로 공물
      을 바칠 때 토산물인 꿩 · 닭 · 포脯 · 물고기 · 담배 등 각종의 물건
      을 기록하는 종이.《경도잡지京都雜誌》

110. 측리지側理紙 : 苔紙 : 시연詩宴에서 운韻을 내는 청색 · 황색 · 홍색등을
      말함

111. 취우지翠羽紙 : 110과 같음《東國歲詩記》

112. 건칠지乾漆紙

113. 채후지蔡侯紙

114. 감지紺紙 색종이

115. 취지翠紙 색종이

116. 자지紫紙 색종이

117. 다지茶紙 색종이

118. 도모지塗貌紙